Die beiden bekannten Berliner Salonièren Henriette Herz und Rahel Levin-Varnhagen liegen auf einem Friedhof in Berlin-Kreuzberg begraben. Wenn man mit dem Finger über die von Weinlaub überwucherte Grabplatte der Varnhagen fährt, läßt sich ihr Name, den Wind und Wetter beinah ausgewaschen haben, noch mühsam entziffern. Auf den von Verfall und Zerstörung bedrohten Kirchhöfen am Mehringdamm, die einst vor den Toren Berlins lagen und heute vom Stadtverkehr umtost sind, finden sich auch die Gräber einiger Besucher der beiden Salondamen, wie das von E.T.A. Hoffmann, Adelbert von Chamisso und der Familie Mendelssohn Bartholdy.

In den »Theegesellschaften« und »offenen Häusern« um 1800 gab es Dichterlesungen, Hauskonzerte und Laien-Theatervorstellungen, doch im Mittelpunkt stand das Gespräch. Die künstlerischen Beiträge der Besucher sollten zum Gedankenaustausch anregen und auf diese Weise eine private Öffentlichkeit schaffen, die auch Einfluß auf den gesellschaftlichen Konsens hatte. Witzige Anekdoten, persönliche Erinnerungen und subjektive Anschauungen der Gäste waren in den zumeist wöchentlich stattfindenden Salons mehr als willkommen. »In einen Salon ging man, wenn man Zeit und Lust dazu hatte. Man erwartete kein bestimmtes ›Programm‹. Der Reiz der Geselligkeit lag gerade in ihrer Spontaneität und in der Zufälligkeit ihrer Zusammensetzung.« schreibt Petra Wilhelmy in ihrem Standardwerk »Der Berliner Salon im 19. Jahrhundert«. Nicht die kulturelle Darbietung, sondern die Gäste waren der Brennpunkt des Salongeschehens. Ihre Persönlichkeit sollte sich in anregenden Gesprächen und durch die interessanten Verbindungen, die sie mit Unterstützung der Salonière knüpften, entfalten können. So entstand für den Salon auch das Synonym der *Konversationsgesellschaft*. Zehn bis fünfzehn Salons hat es nach Schätzungen von Verena von der Heyden-Rynsch, Autorin des Buches »Europäische Salons – Höhepunkte einer versunkenen weiblichen Kultur«, in den neunziger Jahren des 18. Jahrhunderts in der Stadt gegeben.

In den neunziger Jahren dieses Jahrhunderts sind die Salonièren wieder auferstanden, die Salonkultur blüht erneut in Berlin: ob als literarischer, kulinarischer oder akademischer Salon, ob als »Atelier-Salon«, »Damensalon« oder »Salon in Beton«. Die politischen und sozialen Veränderungen gerade des letzten Jahrzehnts haben in der unüberschaubar gewordenen Metropole den Wunsch nach Begegnungen im kleinen Kreis aufkommen lassen. Es besteht das Bedürfnis nach einem Rahmen, in dem man vertraute Menschen wiedersehen und Gleichgesinnte kennenlernen kann. Statt nüchterner Veranstaltungen sind private oder halb-öffentliche Gesprächskreise gefragt, bei denen sich künstlerischer Vortrag, Geselligkeit und Meinungsaustausch ergänzen. Hierfür bietet der Salon, den man als regelmäßigen Empfangsabend für einen literarisch und künstlerisch interessierten Kreis definieren könnte, die passende Begegnungsmöglichkeit.

Daß es den Salon als Geselligkeitsform wieder gibt, ist kein Zufall, denn Berlin scheint eine ähnliche Integrationskraft zu haben, wie im späten 18. und im 19. Jahrhundert, als die überschaubare preußische Hauptstadt 1871 zur Reichshauptstadt aufstieg, sich zur Weltstadt entwickelte und die Stadtgesellschaft allmählich glanzvoller wurde. Zu dieser Zeit begann sich auch der französische Begriff ›Salon‹, der zunächst ausschließlich für die Pariser Salons benutzt wurde, gegen Begriffe wie »Theegesellschaft«, »Theetisch«, »offenes Haus« und »Punschrunde« durchzusetzen.

Ganz ähnlich gilt das wiedervereinte Berlin heute wegen seiner bewegten Geschichte als eine der interessantesten Kapitalen Europas. Ein ganzer Troß von Kulturinteressierten, Wissenschaftlern und Künstlern, von Regierungsbeamten, Journalisten, Diplomaten und Interessenverbänden zieht in die Stadt, die gerade Hauptstadt geworden ist und in ihrer Unfertigkeit zur Mitgestaltung einlädt. Deutlich wird der Anspruch formuliert, den Ruf als Weltstadt zurückzuerobern. Evelyn Roll betitelte Ende 1998 einen großen Berlin-Artikel in der Silvester-Ausgabe der »Süddeutschen Zeitung« mit »Nun soll endlich Glanzzeit sein« und schrieb: »Das geht so seit ungefähr einem Jahr: jeden Tag Einladungen zu Partys, Bällen, Abendessen, Empfängen, Premieren, Lesungen, Eröffnungen und Salons. Es organisiert sich tatsächlich so etwas wie neues gesellschaftliches Leben.« Und in Hinblick auf »Berlin und die Salons« bemerkt sie: »Diese Stadt ist süchtig nach den zertrümmerten gesellschaftlichen Formen und ihren Surrogaten. Rahel Varnhagen, Henriette Herz und Dorothea Schlegel, das sind Namen, die hier in Anbetungshaltung ausgesprochen werden.«

Historische und gesellschaftliche Umbrüche begünstigten schon früher das Entstehen von Salons. Karl Varnhagen von Ense behauptete, eine These seiner Frau weiterentwickelnd, daß die Salon-Geselligkeit »ihre schönsten, gefälligsten Blüthen gewöhnlich auf dem Boden zerfallender Staatszustände, also kurz vor Katastrophen« entfalte. Zutreffender für die gegenwärtige Situation und weniger apokalyptisch ist die Bemerkung von Petra Wilhelmy, daß es gesellige Hochphasen in Großstädten auch *nach* unruhigen Zeiten oder politischen Veränderungen gab, die einen fruchtbaren Boden für Salongründungen bereiteten.

Nicht nur für Neuberlinerinnen und -berliner, die sich vom rüden Umgangston der Stadt selten herzlich empfangen fühlen, sondern auch für die Alteingesessenen, die durch die rasanten Veränderungen der letzten Jahre auf sublime Art entwurzelt sind, gilt es Pfade durch den Asphaltdschungel zu schlagen, um neue Freunde und Verbündete zu finden. »In der Entwicklungskrise einer ›Gesellschaft im Wandel‹, wie wir sie durchleben, spielt unter dem Druck des Ungenügens an den bestehenden Zuständen die Salonidee als die Sehnsucht nach etwas Kostbarem, das verloren gegangen, in der kollektiven Erinnerung aber irgendwie lebendig geblieben ist, offenbar die Rolle einer Leitvorstellung, als Modell für etwas Neues, das vielleicht im Entstehen begriffen ist«, formuliert es Nicolaus Sombart, der Grandseigneur des Berliner Salons, 1997 in seinen »Salongedanken«.

Diese »Sehnsucht nach etwas Kostbarem«, die sich nicht nur in der dekorativen Ausgestaltung der Räumlichkeiten, sondern auch in dem Bedürfnis nach Begegnung und Austausch niederschlägt, scheint die facettenreichen Salongründungen zu einen, die sich ansonsten kaum auf einen gemeinsamen Nenner bringen lassen. Denn so unterschiedlich wie die Salon-Initiatorinnen und -Initiatoren – von der Studentin bis zum Professor, vom Politiker bis zur Künstlerin, von der Hausfrau bis zum Unternehmer –, so unterschiedlich sind auch die Ideen und Inhalte, mit denen der Begriff des Salons heute gefüllt wird. Im Gegensatz zu den Salons des letzten Jahrhunderts bildet zumeist eine Darbietung – eine Lesung, ein Vortrag, ein künstlerischer Auftritt – den Mittelpunkt des Geschehens, nicht aber das private Gespräch und die Begegnung. Deshalb entsprechen die meisten dieser Geselligkeiten eher einer kulturellen Veranstaltung mit dekorativem Ambiente, die mit dem Rückgriff auf die alte Bezeichnung um Publikum wirbt.

Erstaunlicherweise lösen gerade die privat-öffentlichen Treffen, die nicht explizit auf den Begriff des ›Salons‹ Bezug nehmen oder ihn eher ironisch verwenden, am ehesten den alten Begriff von der Konversationsgesellschaft ein, wie »Die literarischen Abende bei Carolin Fischer«, die »Teegesellschaft von Nicolaus Sombart« oder der »ATW – Salon für Angewandte Theaterwissenschaft« des Professors Andrzej Wirth. Dort hingegen, wo der Begriff nachdrücklich proklamiert und noch dazu ein Eintrittsgeld erhoben wird, handelt es sich nur in seltenen Fällen tatsächlich um einen kommunikativen Begegnungsort.

Schon die ersten Berliner Salonièren wie Henriette Herz und Rahel Levin-Varnhagen bedienten sich in der Anfangszeit absichtlich nicht der Bezeichnung ›Salon‹. In Begeisterung für die junge deutsche Nationalliteratur sollten auch ihre Gästerunden deutsche Namen tragen, wobei sie sich nicht mit dem Pariser Salon messen wollten und von vornherein eine Art Understatement pflegten. Außerdem strebten die jungen Frauen mit ihren Treffpunkten einen emanzipatorischen Gegenentwurf zu der von Männern dominierten Adelsgesellschaft an, in der man vor allem der französischen Kultur huldigte. Entsprechend verstand Levin-Varnhagen ihren Kreis, zu dem sie Menschen verschiedener Stände und Konfessionen zum Gedankenaustausch einlud, als »Republik des freien Geistes«. Zu ihren Besucherinnen und Besuchern gehörten neben Adligen, wie dem Prinzen Louis-Ferdinand von Preußen und seiner Geliebten Pauline Wiesel, vor allem Künstler christlicher und jüdischer Herkunft, wie Tieck, das Ehepaar von Arnim, Fichte, Kleist und Heinrich Heine. Eine alte wunderliche Magd, die es sich ebenfalls erlaubte, ihre Meinung zu sagen, servierte den chinesischen Tee, der damals noch ein Luxus-Getränk war.

Das Gefühl eines Ungenügens, das sich im Anspruch Levin-Varnhagens artikulierte, eine »provokativ gemischte Geselligkeit« zu initiieren, ist auch bei heutigen Salongründungen oft Ausdruck für den Wunsch nach inszenierten Gegenwelten. »Der Glanz des Wortes ›Salon‹ rührt von einem Mangel her; er signalisiert eine soziale und kommunikative Leere, die jene spüren, die sich auf die Suche nach dem Salon begeben«, schreibt die Literaturwissenschaftlerin Barbara Hahn. Am interessantesten sind die gegenwärtigen Salons, die aus einem solchen Mangel heraus entstehen und eine Art Gegenöffentlichkeit entwerfen wollen. Dazu zählt zum Beispiel der akademische Salon von Mirjam Schmidt, kurz »Miris Salon«, wo philosophische Beiträge mit querdenkerischen Ansätzen, die jeden Wissenschaftsdiskurs und das einengende akademische Reglement des Universitätsbetriebes sprengen, vorgestellt und diskutiert werden. Im »Salon Oriental« und im »Queer-Salon« wird ein Spiel mit Geschlechts-Identitäten betrieben und auch in den verschiedenen

Frauensalons, in denen die Besucherinnen unter sich sein wollen, werden gesellschaftliche Gegenräume eröffnet, wobei sich die Gründerinnen auf die weibliche Tradition des Salons berufen.

Früher waren es ausschließlich Gastgeberinnen, die den Kristallisationspunkt der Konversationsgesellschaften bildeten. Einerseits diente den Salonièren, die sich nicht auf den begrenzten Rahmen frommer Weiblichkeit einengen lassen wollten, ihr »Bureau d'esprit« als Freiraum jenseits der gesellschaftlichen Normen. Wenn es schon in der von Männern beherrschten öffentlichen Welt keinen Platz für sie gab, wollten sie wenigstens ihre Privaträume dazu nutzen, daß die öffentliche Welt zu ihnen kam. Der Salon war eine der wenigen Möglichkeiten für gebildete Frauen, Aufmerksamkeit und intellektuelle Anerkennung zu erlangen. Andererseits fühlten sich Gelehrte, Schriftsteller, Diplomaten und Künstler auch nur von schönen, zumeist wohlhabenden, intelligenten und künstlerisch begabten Salonièren angezogen. Das Gastgebende und das Spielerische, das dem Entwurf des Salons innewohnt, wurde ausschließlich weiblich konnotiert. Männer als Salonbetreiber waren damals nicht denkbar, ihnen wurde es überlassen, mit ihrem Werk im Mittelpunkt des Salongeschehens zu stehen und ihre Lobby-Arbeit voranzutreiben, statt, wie die Gastgeberin, Gespräche und Kontakte zum Nutzen anderer zu knüpfen.

Auch heute noch existiert nach einem traditionellen Rollenverständnis die Vorstellung, daß nur eine Frau die Initiatorin eines Salons sein könne, weil ihr das Empfangen und Bewirten liege und weil nur sie die um ihre Gunst konkurrierenden Besucher auf fruchtbare Weise zusammenführe. Dem gegenüber steht die Tatsache, daß die heutigen Salons nicht nur von Frauen, sondern auch von Männern oder Interessengruppen gegründet werden. Am Ende des 20. Jahrhunderts, an dem sich die Geschlechter-Stereotypien aufzulösen beginnen, bewähren sich auch Gastgeber als Salon-Wirte, die regelmäßig Gäste einladen, Begegnungen schaffen und Gespräche ermöglichen. In der

Fachliteratur zu den alten Salons hat sich für die Salongründerin die Bezeichnung der *Salonière* durchgesetzt. Da die Spezies des Salongründers relativ jung ist und es dafür noch keinen Ausdruck gibt, wurde als Pendant der Begriff des *Salonièrs* eingeführt.

Neben dem biographischen Hintergrund und dem Anliegen ihrer Geselligkeit soll es auch um die Salontauglichkeit der *Saloniéren* und *Salonièrs* gehen. Sind sie, wie man Rahel Levin-Varnhagen früher nannte, ein »Menschenmagnet«, von dem sich die Gäste angezogen fühlen, oder kommen die Besucher nur, weil sie kostenlos bewirtet werden? Beherrschen sie die Künste der Konversation oder unterhalten sie sich ausschließlich mit ihren drei besten Freunden, die immer anwesend sind? Können sie auf Menschen zugehen und Fremde miteinander bekannt machen? Erzeugen sie eine Art seelisches Wohlbehagen, oder fühlt man sich auf der von ihnen inszenierten Geselligkeit eher angespannt, weil man zu sehr das Bemühen spürt, einen exklusiven Abend zu gestalten?

In den ersten Jahrzehnten ihres Bestehens waren die Berliner Salons eine »Jugendbewegung«. Henriette Herz war gerade achtzehn Jahre alt, als sie frisch verheiratet in Konkurrenz zu den naturwissenschaftlichen und philosophischen Hauskreisen ihres Mannes und voller Begeisterung für die junge Literatur des Sturm und Drang den ersten Berliner Salon gründete. Und Rahel Levin war neunzehn, als sie im elterlichen Haus in der Jägerstraße am Gendarmenmarkt ihren Salon eröffnete, der zum bedeutendsten der romantischen Epoche wurde. Daß sie nicht nur eine Jüdin war, wie Henriette Herz, sondern noch dazu als unverheiratete Frau einer eigenen Geselligkeit vorstand, stellte damals einen doppelten Tabubruch dar.

Auch etwa die Hälfte der heutigen Salongründerinnen und -gründer und die Mehrzahl der Gäste sind wieder relativ jung, was darauf hindeuten könnte, daß dies die erste Generation einer länger anhaltenden Renaissance des Berliner Salons ist. Zwar keine Teenager mehr, liegt ihr Alter zwischen Mitte zwanzig und Ende dreißig. Ob jünger oder älter haben sie, wie die früheren Salonièren, oft eigene künstlerische Ambitionen, sind sehr gut ausgebildet, zumeist unverheiratet und kinderlos. Auch wenn letzteres heute keinen Tabubruch mehr darstellt, verrät es doch vor allem eines: Man braucht nach wie vor Zeit und Muße, um einen Salon zu führen.

Und wie damals sind die meisten der heutigen Salonièren Wahlberlinerinnen und -berliner. Sie kommen aus allen Teilen der Bundesrepublik – aus Leipzig (Gisela Kurkhaus-Müller) oder Frankfurt/M. (Mahide Lein), aus Tübingen (Hartmut Fischer) und Lüchow-Dannenberg (Britta Gansebohm), aus Essen (Mirjam Schmidt) oder München (Julia Regehr); aus dem grenznahen Ausland, wie der Schweiz (Anita Meier), Polen (Andrzej Wirth) oder aus Frankreich (Alain Jadot), dem Heimatland des Salons. Die am weitesten gereiste Salonière kommt aus den USA (Tindy Alvarado), ihre Eltern stammen aus Puerto Rico. Möglicherweise gibt es gerade von nicht gebürtigen Berlinerinnen eine größere Neugier auf Gäste und Fremde, denn ein eigener Salon beschleunigt das Heimisch- und »Berliner«-Werden.

Der klassischen Form folgend, ist heute die Mehrzahl der in Berlin existierenden Salons wieder literarisch. Die Bandbreite dieser Salons spiegelt die Vielfalt des literarischen Lebens in der Stadt. In den Salons von Britta Gansebohm und Carolin Fischer stellen Schriftstellerinnen und Schriftsteller ihr erstes oder zweites Buch vor – die beiden Salonièren präsentieren die junge deutsche Gegenwartsliteratur, die sich zumeist schon in Verlagen etabliert hat. Im »Rubired Velvet – Tindys Literarischer Salon« unterstützt Tindy Alvarado vor allem Literatur von Autorinnen, die in Frauen-Verlagen veröffentlichen und bei ihr vor einem ausschließlich weiblichen Publikum lesen – auch Texte, »die mal so quick, schnell und schlampig entstanden sein können, wie Mac-Donald's-Literatur«. Dagegen ist der Anspruch von Hartmut Fischer, dem Betreiber von »Juliettes Literatursalon«, das an den Rändern Stehende, das heißt avantgardistische Autoren vorzustellen oder alte wieder ausgegrabene Texte von Schauspielern vortragen zu lassen.

Neben den literarischen gibt es auch akademische sowie kulinarische Salons und auch neuere Salonformen, wie den lesbisch/schwulen Salon. Gemeinsam ist den meisten der Saloninitiatorinnen und -initiatoren mit ihren Vorfahren, daß sie sich für künstlerische Talente engagieren. Yvonne Helmbold, die Gastgeberin vom »Grünen Salon«, fördert zum Beispiel den »Neuen Berliner Chanson«, und Julia Regehr von der »Pasta Opera« unterstützt den klassischen Sänger-Nachwuchs.

Die junge Salonkultur, die sich seit einigen Jahren in der Stadt entwickelt, ist ein lebendiges und auch flüchtiges Phänomen, das von ständigen Neugründungen und Niedergängen geprägt ist. Ein Großteil der ersten Salons, die um 1990 entstanden, existiert heute nicht mehr, viele sind seit Mitte der neunziger Jahre hinzugekommen. Von den insgesamt gut dreißig Salons, die ich besuchte, haben zwei Drittel – je nach Bekanntheitsgrad und Ausstrahlung – Aufnahme in das Buch gefunden. Verzichtet werden mußte leider auf den »Salon Kunstrasen« von der jungen Schriftstellerin Tanja Dückers, die seit einigen Monaten in Barcelona lebt, um ihren zweiten Roman zu schreiben, und deshalb mit ihrem Salon pausiert. Die russisch-jüdische Malerin Natascha Scheremetjewa-Wiesemann hat ihren »Schöneberger Kunstsalon« für russische und deutsche Gäste Ende letzten Jahres aufgegeben, weil sie in den Taunus gezogen ist. Von dem von Historikern initiierten »Geschichts-Salon« und von der französisch-deutschen »Table ronde« habe ich leider erst kurz vor Fertigstellung des Buches erfahren. Die Premiere des »Salon Kombinat Mitte« der Künstlerin und Bauhistorikerin Michaela van den Driesch wurde als Hoffest in der Oranienburger Strasse begangen, noch ist nicht sicher, ob und wie es weitergeht. Und der Berliner Salon von Doris Schröder-Köpf in der Dahlemer Kanzler-Villa ist, nach Verlautbarungen einer Regierungs-Mitarbeiterin, »noch ganz und gar Zukunftsmusik«.

Der Veranstaltungscharakter, der den neuen Berliner Salon kennzeichnet, führt zu der immer wieder geäußerten Ansicht, daß der Salon längst nicht mehr existiert und daß die Geselligkeiten, die sich heute wieder so nennen, nur billige Imitate sind. Die Literaturwissenschaftlerin Barbara Hahn hat in ihrem Buch über den Briefwechsel von Rahel Levin-Varnhagen geschrieben: »Der Salon erweist sich – genauer betrachtet – als ein Traum, ein Wunschbild, das in die Zeit um die Wende zum 19. Jahrhundert zurückprojiziert wird.« Sie bezweifelt außerdem, daß es das Original des alten Berliner Salons jemals gegeben hat. Ihrer Meinung nach hat die berühmte Salondame Varnhagen nie eine solche Geselligkeit geführt, weil sie diese nicht »Salon«, sondern, genau wie Henriette Herz, eher »Gesellschaft« nannte. Als solche war sie an keinen festen Ort gebunden und konnte sich auch in Gesprächen auf Spaziergängen oder in Briefkorrespondenzen verwirklichen. Auch Varnhagens vielzitierte »Dachstube« habe es laut Hahn niemals gegeben – der Raum und die dort stattfindende Geselligkeit seien nachträgliche Konstruktionen. Beziehen sich die gegenwärtigen Salons also auf ein Phantom oder sind sie gar selber eins?

Wie flüchtig und vergänglich der neue Berliner Salon auch sein mag, und ob er tatsächlich existiert oder nur die fragile Projektionsfläche für die Wünsche einer im Wandel befindlichen Stadt ist – dieses Buch unternimmt den Versuch, ihn als Phänomen in Momentaufnahmen festzuhalten. Diese zeigen, worüber hier nachgedacht, gesprochen und getratscht wird, wer wen wann wo und warum trifft. Im besten Falle ist es gelungen, ein Bild der Stadt am Ende des 20. Jahrhunderts festzuhalten.

DIE WELT DER BÜCHER

DER LITERARISCHE SALON

»Der literarische Salon
Britta Gansebohm« in Mitte

Als Gast des literarischen Salons Britta Gansebohm war die junge Berliner Autorin Judith Hermann ins Podewil nahe des Alexanderplatzes eingeladen. Sie hatte in ihrem fulminanten Erzählungsband »Sommerhaus, später« das Lebensgefühl der Großstadtbewohner um die dreißig so treffend beschrieben, daß sie nicht nur die Büchertische in den Buchhandlungen eroberte, sondern auch die Segnung von Marcel Reich-Ranicki und seinem »Literarischen Quartett« erhielt. Solche Lorbeeren für eine Debütantin ließen auf eine gut besuchte Veranstaltung hoffen. Der Ansturm von etwa zweihundert Besuchern übertraf dennoch alle Erwartungen der Salon-Initiatorin Britta Gansebohm. Sie mußte ein Vielfaches mehr an Stühlen als ursprünglich vorgesehen vom Klubraum mit der grüngestreiften Salontapete in die Eingangshalle des »Podewils« räumen. Ein Fernsehteam war da, um die Lesung für das Frauenmagazin »Mona-Lisa« aufzuzeichnen, und als sich die Erfolgs-Autorin mit ihrem Buch auf das Podium setzte, gab es im Vestibül mit dem nüchternen Charme einer Bahnhofshalle kaum noch Stehplätze. Nur die schutz- und schattenspendende Palme, die neben dem Lesepult auf der Bühne stand, kündete noch entfernt vom Salon, der diesmal ohne die gewohnten atmosphärischen Details wie Samttischdecken, Kerzendekoration und Keksschalen auskommen mußte. Obgleich Judith Hermann ihre Erzählungen schon an vielen Orten in Berlin vorgestellt hatte, waren etliche Autoren, die schon früher bei Gansebohm gelesen hatten, an diesem Abend in den Salon gekommen, um die erfolgreiche Kollegin genauer unter die Lupe zu nehmen. Weit verstreut saßen sie im Publikum: der Slampoet Claudius Hagemeister mit schwarz umrandeter Brille, der Germanist Christian Jäger mit nachdenklich zerfurchtem Gesicht, die Lyrikerin Dagmar Meschede mit Flügelbrille, die Prosa-Autorin

Tanja Langer und die blonde Sopranistin Anna von Selbst, die auf Gansebohms vorjährigem Lyrikfest Lieder von Fauré gesungen hatte. Mit dieser Veranstaltung hatten sich gleich mehrere Wünsche der Salonière erfüllt: eine bekannte Debütantin auf dem Podium, ein hoher Eintrittserlös für das Honorar der Literatin und ihr Salon als Treffpunkt von Autoren.

Keinem Salon in Berlin haben die Medien bislang solche Aufmerksamkeit geschenkt wie dem »Literarischen Salon Britta Gansebohm«. Neben zahlreichen Fernseh- und Rundfunkberichten ist er vom »Tagesspiegel« bis zum »Berliner Kurier«, von der »ZEIT« bis zur »Brigitte«, von »GEO Berlin spezial« bis zum Hauptstadt-»Marco Polo« als Prototyp des neuen literarischen Salons gefeiert worden. Immer wieder wurde das salongemäße Ambiente lobend hervorgehoben, und die Tatsache, daß es sich hier um einen öffentlich zugänglichen literarischen Zirkel und nicht um einen kleinen elitären Kreis handelt. Gansebohm selbst ist mittlerweile schon verwundert, wenn sie in einem Bericht über die Salons in der Hauptstadt einmal keine Erwähnung findet. Man hat ihr sogar geraten, die von ihr eingeführte Bezeichnung »Der literarische Salon«, sofern sie in Verbindung mit einem Frauen-Namen steht, als Markenlabel vor Nachahmern schützen zu lassen.

Die größte Resonanz erhielt Gansebohm auf einen Artikel in der »Brigitte«. In einem der Briefe, die aus ganz Deutschland bei ihr ankamen, schrieb eine Frau: »Als ich bei der Kiefernorthopädin auf meinen Sohn wartete, las ich rein zufällig von Ihrem Salon. So etwas zu machen, war auch schon immer mein Traum. Können Sie mir bitte das Konzept und die Autorenliste schicken?« Und eine Abiturientin rief aus einem Dorf mit der Bitte an, bei ihr ein Praktikum machen zu dürfen. »Na klar, hab ich ironisch gesagt, ich bilde jetzt Salondamen aus«, meint Gansebohm und lacht.

Die Zweiunddreißigjährige, die in den achtziger Jahren aus Lüchow-Dannenberg zum Studium nach West-Berlin kam, entspricht der Vorstellung einer zeitgemäßen Salonière: Sie ist attraktiv, sinnlich, intelligent, musisch begabt, verbindlich und vom Typ her wandelbar. Mal langhaarig, mal kurzhaarig, mal blond und mal brünett, bleibt nur ihr schwarzes Salonièren-Outfit – dekolletiertes Jakkett, langer hochgeschlitzter Rock – als Standard erkennbar.

Der Gansebohmsche Zirkel hat sich seit seinen Anfängen entscheidend verändert, denn aus der einstigen Gastgeberin ist längst eine Kulturmanagerin geworden, die mit dem reibungslosen Ablauf des Abends so beschäftigt ist, daß sie kaum noch Zeit hat, die Gäste zusammenzuführen. Der Raum will vor der Lesung dekoriert, der Einlaß geregelt, die Mikros für die Autoren ausgesteuert, die Interview-Anfragen von Journalistinnen befriedigt, die stimmungsvolle Musik eingespielt und die Übertragung des Salons ins Internet (www.txt.de/gansebohm) realisiert sein. Gansebohms Salon-Veranstaltungen werden inzwischen im »Tagestip« der großen Berliner Programm-Zeitungen angekündigt und ziehen ein breites Publikum an. Die Salonière kennt von den durchschnittlich vierzig Besuchern nur noch einige wenige. Zwar sagte sie im letzten Jahr einem »taz«-Reporter im Interview: »Ich setze nicht auf Lesungen, zu denen man kommt und ohne ein Wort gewechselt zu haben, wieder geht«, doch bleibt ihr Anspruch, »im Salon eine demokratische Gesprächskultur zu pflegen«, zunehmend uneingelöst, und auch die freundlich-anheimelnde Atmosphäre kann nicht darüber hinwegtäuschen, daß sich der Ablauf des Abends inzwischen kaum noch von einer herkömmlichen Lesung unterscheidet. Man kommt, entrichtet einen Eintritt von zwölf Mark, stellt, sofern man den Mut hat, nach dem Vortrag ein paar Fragen an den Autor bzw. die Autorin vorn auf dem Podium und verläßt anschließend die Veranstaltung mit der Person, mit der man gekommen ist. Autoren, Gäste oder die Initiatorin des Abends persönlich kennenlernen zu wollen, erfordert ebensolche Anstrengung wie bei einer normalen Literaturveranstaltung.

In der ursprünglichen Form ihres »Wandersalons«, wie Gansebohm ihn selbst spöttisch nennt, saßen die Gäste im Atelier eines befreundeten Malers in der alten Pferdeschmiede der Kreuzberger Schultheiß-Brauerei noch auf Bierkisten, und es roch nach Farbe. Im Frühling 1995 hatte die Germanistik- und Kunstgeschichtsstudentin einige Freunde – Filmemacher, Fotografen, Wissenschaftler, Kommilitonen und Schriftsteller – zum ersten Mal mit der Bitte eingeladen, etwas von ihrer Arbeit vorzustellen. Am Ende spielten sie das Cadavre-exquis-Spiel der Surrealisten. Einer gab einen Satz vor, der nächste nahm ihn auf und hängte einen Folgesatz an, bis sich daraus eine Geschichte entwickelte. »Das scharlachrote Band‹ haben wir sie im nachhinein genannt. Hätten wir doch ein Tonband mitlaufen lassen, so ist das jetzt alles verloren«, sagt Britta Gansebohm wehmütig, während wir bei ihr auf einem korbgeflochtenen Canapé sitzen und Wein aus langstieligen Gläsern trinken. Nachdem sie sich erneut eine Zigarette angezündet hat, erzählt sie, daß sie für die nächsten Salons gezielt Autoren, Schauspieler und Universitätsdozenten wegen eines Beitrags ansprach. Am dritten Abend lasen Peter Wawerzinek und Jan Peter Bremer – so wurde der literarische Salon geboren. Fand sich kein Autor, dann rezitierte die Gastgeberin, die auch zwei Jahre Schauspielunterricht genommen hatte, selbst aus Büchern wie Klabunds »Der Rubin«. »Das war noch ein richtiger Salon«, meint einer der Autoren, »während die Lesungen im Podewil eher auf Salon gemacht sind.« Und Gansebohm selbst sagt dazu: »Im Podewil ist der Salon professioneller geworden.« Die Kreuzberger Lesungen waren zum Teil noch spontan, die Zahl der Gäste, die sich hauptsächlich aus dem Freundeskreis rekrutierten, überschaubar. Selten kannte die Salonière damals den vorgestellten Text aus den in Entstehung begriffenen Manuskripten, und jedesmal nach dem Vortrag gab es lange Gespräche. Sie brachte zum Salon Rotwein, Käse und Baguette mit, damit man länger unter sich sein und nicht in eine laute Kneipe umziehen mußte. Da die

Samttischdecken und Kerzendekoration beim literarischen
Salon von Britta Gansebohm

Gastgeberin selbst kaum Geld hatte, hoffte sie auf den Erlös aus der diskret aufgestellten Sammelbüchse. Doch am Ende des Abends fand sich darin höchstens einmal eine einzelne Mark.

Als der junge Kunstmaler, der auch die Einladungen zu den Lesungen aufwendig gestaltete, mit seinem Atelier in eine Wohnung in den Prenzlauer Berg zog, richtete er Britta Gansebohm ein eigenes Salon-Zimmer mit Puttenglastisch, Plüschsofa und weiblichen Statuen als Lichthalter ein. Ihr Bruder fuhr ihr manchmal die Getränke, und ein Ex-Freund regelte den Einlaß. Schon hier verlor der literarische Salon an Intensität, die Lesung verkam zum Party-Event am Rande. »Da hatte ich eigentlich keine Lust mehr«, sagt Britta Gansebohm.

Erst als Stammgäste mit der Bitte bei ihr anriefen, die Reihe fortzuführen, mietete sie neue Räume in einem kleinen Off-Theater in Wilmersdorf. Damalige Besucher berichten, daß der hohe kahle Raum von ihr in ein gemütliches Salonzimmer verwandelt worden wäre. Wie im Podewil lag etwas zum Naschen auf den Tischen, und neben Getränken gab es Suppe und Pasta zum Verzehr. Die Salonière ging noch von Tisch zu Tisch, um die Gäste miteinander bekannt zu machen. Die Vortragenden, heute zum Teil namhafte Autorinnen und Autoren wie Felicitas Hoppe, Stephan Krawczyk, Jutta Raulwing und Kathrin Röggla, saßen beim Vortrag ihrer Werke noch mit im Publikum.

Die Gäste im Podewil, wo Gansebohm seit Anfang '98 residiert, sind schicker geworden. Zwar gibt es auch noch einige Studenten, die kommen, aber eher sind es Akademiker, Redakteure der nicht weit entfernt liegenden »Berliner Zeitung« oder Mitarbeiterinnen von Literaturagenturen, die inkognito den schriftstellerischen Nachwuchs begutachten. Im Salon von Britta Gansebohm besteht also immer noch die Möglichkeit, entdeckt zu werden. Die meisten ihrer Schützlinge, wie die flippige Alexa Hennig von Lange (»Relax«), der umstrittene Spiegel-Kolumnist Matthias Matussek (»Die vaterlose Gesellschaft«)

oder der skandalträchtige Barde der Ostberliner Literaturszene, Peter Wawerzinek (»Nix«), der auf dem dreijährigen Jubiläumsfest des Salons in betrunkenem Zustand irre Satzfragmente skandierte, sind längst eingeführte Namen. Im allgemeinen nutzen die Autoren Gansebohms Salon nicht mehr als halböffentliche Probebühne, sondern als attraktiven literarischen Veranstaltungsort. Inzwischen gibt es sogar junge Schriftstellerinnen und Schriftsteller, die, weil sie sich bei Gansebohm besser aufgehoben fühlen, lieber im Salon als in einem der drei großen Berliner Literaturhäuser lesen. Hier haben sie es nicht mit einer etablierten Institution, sondern mit einer Literaturvermittlerin zu tun, die sich im Vorfeld mit ihnen trifft, die Bücher noch liest, die Vorankündigungstexte für die Einladungen selbst verfaßt, sich mit der Presse in Verbindung setzt und auch durch die Gegend fährt, um Plakate auszuhängen. Trotz aller Professionalisierung erkennt man an diesem Engagement noch deutlich die Salonière, deren Salon ein wichtiger Bestandteil ihres Lebensentwurfes ist. Für den Schweizer Autor Flurin Spescha hat sich Gansebohm zum Beispiel eine ganze Woche Zeit genommen, um ihm Berlin zu zeigen – Szenekneipen, Ausstellungen und die im Podewil stattfindende »Softmoderne 1999«, auf der ein »Hypertext« über die Hauptstadt im Internet entstand, an dem auch Kathrin Röggla und Claudius Hagemeister aus Gansebohms Autoren-Pool beteiligt waren.

Als Spescha seinen Erzählungsband »Der zwölfte Tag danach« vorstellte, begeisterten sich die anwesenden Schweizer Botschafter für die schöne Atmosphäre im Salon. »Die Podewil-Männer«, erzählt Britta Gansebohm, »sprechen dagegen von Blümchen und Kerzchen in der abwertenden Diminutivform.« Die Organisatoren des Hauses, die das Konzept der schmucklosen Avantgardeveranstaltung zu neuen Medien und neuer Musik verfolgen, seien heimlich auch ein bißchen neidisch. Ihre eigenen Veranstaltungen litten eher unter Besucher-Mangel und einem geringeren Interesse von seiten der Presse.

Daß sie den Salon im Programm unter der Rubrik »Literatur im Klub« ankündigen, entspricht allerdings eher dem Charakter der Lesung, die zwar äußerlich auf das Salon-Ambiente setzt, aber die eigentliche Idee des Salons als Konversationsgeselligkeit nur noch selten einlöst.

In Britta Gansebohms großzügiger Altbauwohnung in Moabit stehen im hellen Wohn- und Arbeitszimmer noch die Lilien- und Rosensträuße vom Salonabend mit Spescha. Auf und neben dem Schreibtisch stapeln sich zugesandte Manuskripte, Verlagsanfragen und aufgeschlagene Aktenordner. Der Rowohlt-Verlag hat ihr den ersten Roman seiner neuen Reihe »Golden Girls« mit der versteckten Aufforderung geschickt, die Debütantin Sarah Khan einzuladen, und der Suhrkamp-Autor und Foucault-Kenner Wilhelm Schmid hat sich mit seiner »Philosophie der Lebenskunst« für eine Lesung beworben. »Der literarische Salon Britta Gansebohm«, der zweimal im Monat immer dienstags stattfindet, ist schon ein halbes Jahr im voraus mit Veranstaltungen ausgebucht. Gansebohm geht selbst zu Poetry Slams und Open-Microphone-Lesungen oder läßt sich auch mal schwer erkältet mit dem Taxi ins »Bergwerk« zu den »Surf-Poeten« fahren. So ist sie auch auf den gleichaltrigen Poetry Slammer Claudius Hagemeister gestoßen, den sie seitdem zu Lesungen einlädt und gezielt unterstützt, weil sie seine rhythmisierte Kürzestprosa »zeitgenössisch, irritierend und abwegig« findet.

Manuskriptlesungen sind im Podewil selten geworden und ein überraschender Abend mit der Überschrift »›Die Rufnummer wird Ihnen angesagt‹ – Rainer Merkel, Jörg Paulus und David Wagner lesen aus ihren Telefonbüchern« – eine große Ausnahme. Dieser war einer der wenigen Salons, bei dem Gansebohm, wie früher, den Text nicht kannte. Zum Vergnügen des Publikums sind die drei jungen Autoren ihre Adreßbücher durchgegangen, haben zu den Namen verblichener Freundinnen Geschichten assoziiert und zu einem gemeinsamen Text verwoben.

Schrieb noch im letzten Jahr eine Hamburger Literaturzeitschrift, dieser Berliner Literatursalon stelle eine Brükke dar zwischen Off-Szene und etablierter Literatur, so hat sich das Mischungsverhältnis inzwischen in Richtung letzterer verschoben. Die Auswahlkriterien für die jungen Autoren, die ihre ersten Bücher veröffentlicht haben, sind allerdings schwer durchschaubar. Neben literarisch anspruchsvollen Schriftstellern, die, wie im Fall von Felicitas Hoppe und Jan Peter Bremer, lange vor ihren Preisverleihungen beim angesehenen »Ingeborg-Bachmann-Wettbewerb« im Salon vorgestellt wurden, gibt es auch Mißgriffe, wie Susanne Spengler mit ihrem seichten Historienroman »Die Ballerina«. »Das muß nicht immer den super-literarischen Anspruch haben und kann auch einmal eine leichte Lektüre sein, die ich im Salon vorstelle«, betont die Salonière, und: »Es gibt eben nicht so viele Judith Hermanns.« Neben jungen Schriftstellern, lesen auch Geisteswissenschaftler aus ihren neuen Publikationen. Manchmal entsteht der Eindruck, nicht Gansebohm wählt die Autoren, sondern die Autoren wählen sich Gansebohm, die in letzter Instanz nach dem alten Salonnièren-Prinzip von Interesse und Sympathie gegenüber denjenigen verfährt, in deren Dienst sie sich mit jeder einzelnen Salon-Veranstaltung stellt.

Dabei tritt sie selbst als Künstlerin – Rezitatorin oder Sängerin – auf ihren Salons nicht mehr in Erscheinung. Sie beschränkt sich auf die kurze Begrüßung zu Beginn der Lesung und auf die Eröffnung der Diskussion am Ende. »Ich bin eben kein Bühnenmensch«, sagt die Salonière mit dem verletzlichen Blick. Die Aufmerksamkeit auf sich zu ziehen, wehrt sie als Motivation für ihren Salon ab. Sie reize vor allem das persönliche Gespräch, der Blick des anderen auf die Welt und dessen Lebensphilosophie, und es gefalle ihr, wenn unter ihren Gästen Gemeinschaftsprojekte, Freundschaften oder gar Liebschaften entstehen.

Manche Besucher beklagen dagegen, daß sich Gansebohm als Gastgeberin nicht genügend einbringe. Im Anschluß der Lesung sieht man sie eher einmal auf dem Schoß eines Autors, als in eine kontroverse Diskussion verstrickt. Man fragt sich, ob sie die Furcht der Salonièren des 19. Jahrhunderts als unweiblich zu gelten davor zurückhält, ihre Intellektualität stärker ins Spiel zu bringen. So gibt es auch immer noch männliche Gäste, die auf die geistigen Fähigkeiten der Salondame weniger Wert legen als auf ihre sonstigen Qualitäten: Ein Besucher hat im Gästebuch moniert, daß der Schlitz im Rock der Gastgeberin nicht hoch genug sei, um ihre schönen Beine ganz sehen zu lassen.

Als letztes erfahre ich von Gansebohm auf dem Canapé im Wohnzimmer, daß Blau ihre Lieblingsfarbe ist, und daß sie aus dem Wendland kommt und darum »eine Wendin« ist. Von dort erging, neben einem Salon-Angebot aus München, auch kürzlich die Anfrage an sie, einmal eine Landpartie in die Heide als Salon zu gestalten. Seit einiger Zeit organisiert Gansebohm auch die monatliche literarische Soiree in der in Mitte liegenden Cocktail-Bar »Rheingold«, die von einer ehemaligen Salonière vom »Boudoir« betrieben wird. In dieses exklusive Ambiente zieht es hauptsächlich Leute mit Geld, die Literatur als Häppchen zu Austern und Cocktails zu sich nehmen. Daß die frisch diplomierte Literatur- und Kunstwissenschaftlerin dennoch von ihren vielfältigen Aktivitäten nicht leben kann, steht auf einem anderen Blatt. Von dem Erlös aus dem Eintritt im Podewil zieht sie die Kosten für die Raum-Miete und die Salon-Ausstattung ab, der Rest geht mehrheitlich als Honorar an die Autoren. Kürzlich hat sie sich deshalb mit ihrem Salon um Senatsförderung für das Lesungs-Projekt »Vom Fin de siècle zum Millennium« beworben, weil sie Parallelen sieht zwischen den Texten, die während der Jahrhundertwende und denen, die jetzt zur Jahrtausendwende in der Hauptstadt mit der »unruhigen Aufbruchs- und Umbruchsstimmung« entstehen. Hugo von Hofmannsthal hat zum Beispiel von der »Vieldeutigkeit und Unbestimmtheit der Epoche« geschrieben und liegt damit nicht weit entfernt von Judith Hermann, die heute sagt: »Dieses Gefühl, daß man nicht weiß, wo es hingeht in dieser Großstadt, daß das Ende offen ist, steckt natürlich in meinem Buch.« Die Reihe soll aus sechs Gruppen-Lesungen junger deutscher, österreichischer und Schweizer Autorinnen und Autoren bestehen. Der konzeptionelle Rahmen dieses Projekts könnte eine neue Transformationsphase des »Literarischen Salons Britta Gansebohm« einleiten, in der sich der Veranstaltungsort zu einem Podium für junge europäische Autoren, die in deutscher Sprache schreiben, entwickelt. Als Auftakt dazu hat der Züricher Schriftsteller Spescha der Salon-Initiatorin nach der Lesung seinen neuen Erzählungsband zum Verschenken hinterlassen. Weil beim anschließenden Salatessen beim Italiener im Podewil etwas Balsamico-Essig auf den Umschlag getropft ist, hat er es mit einer italienischen Widmung versehen, die in der Übersetzung lautet: »Für die unbekannte Person, die den starken Augenblick des Balsamicos schätzt.«

»Juliettes Literatursalon«
im Scheunenviertel

»Lieber der erste Mann im Dorf, als der zweite Mann im Staate«, ist einer der nicht ganz ernst gemeinten Leitsprüche von Hartmut Fischer. Das Dorf ist in seinem Fall das Berliner Scheunenviertel, der Lebensmittelpunkt des Buchhändlers sein dort existierender Salon-Buchladen. Die Gegend wurde schon früher von einer Mischung aus Intellektuellen, Künstlern, Halbwelt und Boheme bevorzugt. Aus diesen Kreisen kennt Fischer heute fast alle im Karree. In der Mulackstraße Otto von der »Sushi-Bar«, in der Rosenthaler die Restaurant-Betreiber vom Italiener »Cantamaggio«, von der Volksbühne Christoph Schlingensief und einige Schauspieler, die abends auf einen

Wein bei ihm vorbeikommen. Die Komödiantin Annika Krump, bekannt als »Palmakunkel – die singende Teller-miene«, wohnt ein paar Häuser weiter und stöbert manchmal in seinen Bücherregalen nach vertonbaren Gedichten.

»Juliettes Literatursalon – Buchhandlung Galerie« steht dezent an der Eingangstür. Es gibt keine Ladenaufschrift und kein Schild mit den Öffnungszeiten. Die regelmäßigen Besucher merken bald: Die Buchhandlung ist eigentlich ein Wohnzimmer, der gesellige Ort ein Salon. Denn hier riecht es nicht nur nach Papier, sondern auch nach Zigarettenrauch und Wein. Läuft man am Laden vorbei, sieht man durch die großen Schaufenster Fischer und seinen Kompagnon Hendrik Rohlf oft noch am Abend und auch an den Wochenenden mit Gästen auf dem rosafarbenen Canapé sitzen. Von draußen wirkt dieses Bild sehr einladend. Sitzt man selber in der Runde, fühlt man sich den Blicken der vorbeieilenden Passanten bisweilen preisgegeben.

»Wenn man einmal bei mir drin war, dann genießt man den Blick auf die Bäume, die selten sind in Berlin-Mitte, und vor allem auf den Himmel, der eine wichtige Rolle spielt für freie Gedanken«, philosophiert der junge Inhaber über seinen Laden, während wir im »Cantamaggio« sitzen und Soave trinken. Im weichen Tonfall seiner Stimme schwingt noch eine Spur seiner süddeutschen Heimat mit. Der Buchhändler, der sich zu Hause schon die ersten Sporen als erfolgreicher Literatur-Veranstalter verdient hatte, ist vor vier Jahren aus Tübingen hierher gezogen. Er wollte weg aus dem beschaulichen Hölderlin-Städtchen, wo man ihm und seinem damaligen Mitstreiter mitunter in den Gassen hinterhertuschelte: »Da sind die seltsamen Typen aus dem Club mit dem Sex-Café.«

In Berlin ist »Juliettes Literatursalon« inzwischen keine unbekannte Adresse mehr. Der Laden wurde inzwischen in den Zeitungen besprochen und ist im Hauptstadt-»Marco Polo« als Insider-Tip unter den neuen Salons verzeichnet. »Durchschnittlich einmal im Monat kommen hier Touristen vorbei, setzen sich aufs Sofa und wollen bei mir Kaffee trinken«, sagt Fischer und schüttelt verständnislos den Kopf. Für bestimmte Stammgäste würde er dagegen sogar ein ganzes Frühstück auftischen. Für Blixa Bargeld zum Beispiel, dem früheren Bandmitglied der »Einstürzenden Neubauten« und Tourbegleiter von Nick Cave. Für den Ex-Schillertheater-Regisseur und Schauspieler Peer Martiny. Oder für den Clochard Bruno S., der in Werner Herzogs Film den Kaspar Hauser spielte.

Nach seiner Ankunft in Berlin hatte sich Fischer zunächst am kulturwissenschaftlichen Institut der Humboldt-Universität eingeschrieben. Die meiste Zeit suchte er aber nach einem großen Laden mit Galerie-Raum, bis er nach zwei Jahren – im Frühling 1997 – endlich das Richtige gefunden hatte. In dem denkmalgeschützten, restaurierten Haus Nummer 25 in der Gormannstraße gründete er seinen Buchladen, in den er zu Lesungen und Ausstellungen einlädt.

Die Welt als Publikum und seine Salonbuchhandlung als Bühne, so betrachtet Fischer dieses Projekt ganz gern. Die halböffentliche Bühne seines Bücherzimmers nutzt er auch für seine eigenen Inszenierungen als Künstler, als Schriftsteller, als Bohemien. Mit den dunklen Locken, dem schwarzen, kunstvoll rasierten Bart und einer gepflegten Unausgeschlafenheit erinnert er entfernt an einen russischen Dichter, einen Nachfahren von Puschkin vielleicht, der in den zwanziger Jahren als Emigrant hier im Viertel gelebt haben könnte. Der eher wortkarge Fischer, der während unserer Begegnung filterlose »Gitanes« aus der quadratischen blauen Schachtel raucht, unterstützt die Wirkung eines Poeten mit romantischen Hemden und einem eingetragenen Nadelstreifen-Anzug. Das Spruchband, das auf dem Bildschirm-Schoner seines Buchladen-Computers endlose Schleifen zieht, verkündet programmatisch: »Monsieur Teste sagt: Mein Mögliches verläßt mich nie. Und der Dämon spricht zu ihm: Gib mir einen Beweis. Zeig mir, daß du immer noch bist, der du zu sein glaubtest.«

Das, was in seiner Buchhandlung Salonhaftes geschieht, sind die Gespräche und Begegnungen spät nach Lesung oder Ladenschluß. Nachdem der Volksbühnen-Schauspieler Herbert Fritsch zum Beispiel Texte von Geisteskranken aus der »Prinzhorn-Sammlung« in »Juliettes Literatursalon« gelesen hatte, saßen noch nachts um halb drei ein paar Gäste mit Fischer und Fritsch beim Wein zusammen. Vor dieser kleinen Runde und weil er guter Stimmung war, deklamierte der Schauspieler aus dem Stand Gedichte des Wieners Konrad Bayer. »Das war mit das Beeindruckendste, was ich hier so erlebt habe«, sagt mein Gesprächspartner und fällt wieder in Schweigen.

Der Zweiunddreißigjährige ist kein leicht zugänglicher Mensch, denn nicht nur in seinem Laden, sondern selbst im überfüllten »Cantamaggio« strahlt er Unnahbarkeit aus, und es kostet einige Mühe, ihn ins Gespräch zu ziehen. Doch gerade durch diese Mischung aus Introversion, Arroganz und einem unerwartet hervorbrechenden Lächeln scheint es ihm zu gelingen, sein heterogenes Publikum aus Studenten, Künstlern, Theaterleuten und Wissenschaftlern zu einem kleinen, fast hermetischen Salon-Kreis zu vereinen. Männer mit einer ausgewiesenen Künstler-Existenz haben bei der Aufnahme Heimvorteil, Künstlerinnen und intellektuelle Besucherinnen hingegen haben es schwerer. Deutlich läßt der Salonièr die Gäste spüren, wer hier dazugehören soll. Wenn man von ihm gebeten wird, auf dem Canapé Platz zu nehmen, kann das ein Zeichen für die Eignungsprüfung sein. Wird man dann später in der Runde vorgestellt und bekommt kostenlos ein Glas Wein eingeschenkt, ist die Probe bestanden. »ELITESTIRN U. ULTRA SALO JET« dichtete die Künstlerin Christina Thomas bei ihrer Ausstellung ein Anagramm aus der Zeile »Juliettes Literatursalon«.

Vor mehr als zehn Jahren, noch als Abiturient, war Hartmut Fischer einer unter Hunderten von Bewerbern, der sich im renommierten Buchladen »Gastl« am Holzmarkt gegenüber der Tübinger Stiftskirche als einziger er-

Salonièr Hartmut Fischer im Bücherzimmer
von »Juliettes Literatursalon«

folgreich um die Stelle als Buchhändlerlehrling bewarb. Die betagte Inhaberin des Ladens, Julie Gastl, verstand sich in der Nachfolge der amerikanischen Buchhändlerin Sylvia Beach und ihrer Pariser Verlagsbuchhandlung »Shakespeare and Company«. Dort hatten Lesungen mit Breton, Gide, Hemingway, Valéry, Eliot und Joyce stattgefunden, der Laden war zum Treffpunkt der wichtigsten Literaten jener Zeit geworden. Bei Julie Gastl in Tübingen waren Walter Jens, Ernst Bloch, Paul Celan und Hans Mayer eingeladen. Bloch, der auf beharrliches Betreiben von Gastl in den sechziger Jahren aus Leipzig an die Tübinger Universität gekommen war, hielt nach seinen Hauptseminaren kleine Privatissima in der oberen theologischen Abteilung des Ladens ab. Ein Stamm-Besucher schrieb über die Gastlsche Gast-Stätte: »Hier streckte der Weltgeist mitunter die Beine unter das Teetischchen und machte sich's bequem.«

Angeregt durch dieses Vorbild initiierte Fischer nach seiner Lehre 1992 in dem alternativen Tübinger Kulturzentrum »Club Voltaire« eine eigene Reihe unter dem Titel »Juliettes Literaturcafé«. Der erste Band von de Sades »Juliette und Justine« war gerade erschienen. Die libertine Juliette, schriftstellerische Phantasiefigur, die keine noch so abwegige sexuelle Erfahrung ausläßt und Ehre, Moral, Gesetz und Religion verachtet, hatte es Fischer angetan. »Ich interessiere mich eigentlich schon immer für Erotik«, sagt er und nimmt genießerisch einen Schluck vom Soave. Deshalb sei Juliette schon damals zur Patronin und Namensgeberin des von ihm ins Leben gerufenen Treffpunkts geworden.

Im Programm dieses Literaturcafés wollte er vor allem »Mini-Verlage« präsentieren. Den Auftakt bildete die in Tübingen ansässige und dort umstrittene Verlegerin moderner erotischer Kunst, Claudia Gehrke, und der Lektor Michael Farin vom »Schneekluth«-Verlag, der gerade die Bibliothek der klassischen erotischen Romane neu edierte. Die regionale Presse besprach die Eröffnungs-Veranstaltung zwiespältig als »Erotik-Club Voltaire«.

Später waren einmal Charlotte von Mahlsdorf mit ihrem Buch »Ich bin meine eigene Frau« oder der Berliner »Maas«-Verlag mit den Schreiber-Haudegen Erich Maas, Peter Wawerzinek und Harry Hass zu Gast. »Das sind so drei kleine Männle, die versucht haben, sich als Poeten in der behäbigen gediegenen Atmosphäre von Tübingen richtig gut zu betragen«, erzählt Fischer und lächelt in der Erinnerung daran. »Abends sind wir dann in Fahrt gekommen. Je länger sie gelesen haben, desto lustiger wurde es.« Schon in seinem Literaturcafé gab es einen festen Besucherkreis. Nach der Lesung ging man zum Stamm-Italiener um die Ecke und danach wieder zurück in den Club, Fischer hatte die Schlüssel. An der Bar konnte weitergetrunken und diskutiert, konnten Texte oder Stücke ausprobiert werden. Schon damals, sagt Fischer, habe er zeitweise im »Club Voltaire« gewohnt und seine selbstgewählte Funktion als Lesungs-Veranstalter und Initiator eines salonartigen Treffpunkts zu einem Teil seines Lebensentwurfes gemacht.

Auch heute verschickt Fischer zu seinen Veranstaltungen keine Einladungen. Man muß schon selbst Kontakt halten und im Laden vorbeischauen. Mal finden dort zwei, mal zehn Lesungen im Monat statt. Mal sind es zehn, mal hundert Leute, die kommen. In gewisser Weise ist Fischer seinem alten Programm in Berlin treu geblieben. Neben bekannten Literaten, wie Pavel Kohout und dem jungen Suhrkamp-Autor Johannes Jansen, stellt er weiterhin Kleinverlage, wie den Klagenfurter »Ritter«- oder den Berliner »Aviva«-Verlag vor. Und nach wie vor lädt er Autorinnen aus dem heimatlichen Claudia-Gehrke-Verlag wie Yoko Tawada oder Dagmar Fedderke ein. Auch Peter Wawerzinek hat hier wieder gelesen ebenso wie unbekanntere Autoren aus dem Berliner Avantgarde-Umfeld. Lesung und Ausstellung, die oft thematisch zusammenhängen, sollen laut Fischer Abseitiges und an den Rändern Stehendes präsentieren. Die Vortragenden sollen nicht berühmt sein, sondern einen eigenen Kosmos und eine Authentizität in Zusammenhang mit ihren Texten haben. Auch wenn der Buchhändler immer wieder betont, daß er mit seinen Veranstaltungen eine klare Linie verfolge und keine qualitativen Kompromisse mache, verfährt er letzlich nach dem subjektiven Prinzip des Salonièrs, der die Künstler zu sich einlädt, die er selbst näher kennenlernen möchte.

Neu ist an Fischers Hauptstadt-Salon, daß auch Wissenschaftler referieren, wie der Medientheoretiker Friedrich Kittler oder der Philosoph und Psychoanalytiker Slavoj Zizek, und daß professionelle Rezitatoren, wie schon in den alten Berliner Salons, Texte von Klassikern vortragen. Ein aufsehenerregendes Ereignis war die neuntägige Lesung des Schauspielers Peer Martiny, der seinen Wohnort in den Buchladen verlegt hatte und hinter dem Schaufenster der Galerie eine nach draußen übertragene Nonstop-Lesung der gerade wiederaufgelegten »Essais« von Montaigne zelebrierte. Eine Frau kam immer erst nachts um zwei von der Arbeit und ließ sich noch auf einem der vor dem Fenster stehenden Stühle nieder. Ein Bauarbeiter, der sich im Vorbeigehen zuerst abfällig über die Aktion geäußert hatte, kehrte in den nächsten Tagen wieder und legte regelmäßig eine Zigarettenpause am Schaufenster ein.

Neues ehrgeiziges Projekt ist die Lesung der acht Bände umfassenden Gesamtausgabe von »Juliette und Justine«, die sich über zwei Jahre erstrecken soll. Bekannte Künstler und »Juliette«-nahe Autoren und Autorinnen lesen alle zwei Wochen immer dienstags aus dem pornografischen Werk, wobei von der Vorleserin bzw. dem Vorleser eine möglichst ungewöhnliche Gestaltung der Darbietung erwartet wird. Den Anfang machte Blixa Bargeld mit einer Handpuppe als Sprecherin, nach ihm las Katharina Thalbach.

Das Darstellende, das Schreibende und das Gastgebende, sagt Fischer im Lokal, seien die Dinge, die ihm am meisten Spaß bereiteten und die er nur in der Verbindung von Buchladen, Galerie, Salon und Wohnzimmer verwirklichen könne. Als Rezitator tritt er dort auch selbst in Erscheinung. Zuletzt mit einem »wiener gruppe abend« gemeinsam mit Annika Krump, die hier als charmante Chanteuse brillierte. Zum Thema Theater gibt Fischer im Moment bei Claudia Gehrke ein Buch heraus. Die meisten Autoren, die in der Anthologie veröffentlichen, sind seine Salongäste wie Bargeld, Schlingensief und die Sozialwissenschaftlerin und Philosophin Gerburg Treusch-Dieter. In seinem dritten Element als Gastgeber ist er während der Veranstaltungen kaum zu bemerken. Nach einer knappen Begrüßung überläßt er dem Autor oder der Autorin das Gelingen des Abends. Statt einer Diskussion danach, die er »immer eher quälend« findet, möchte er, daß sich der Salon in Privatgesprächen entfaltet.

Entschließen sich die Gäste zu später Stunde, den Ort für einen letzten Nachttrunk zu wechseln, ist der Buchhändler nur selten zum Mitkommen zu bewegen. Sein Laden scheint ihm der angenehmste und sicherste Ort zu sein. Schon die berühmte Salonière Henriette Solmar, die im 18. Jahrhundert einen vielbesuchten Salon führte, erklärte scherzhaft, man brauche in Berlin nur in seiner Stube zu bleiben, um alle Welt kennenzulernen.

Fischers Verdienst ist es, als Förderer von Literatur und Salon-Initiator dem alten Berufsbild des Buchhändlers als künstlerischer und intellektueller Profession zu neuem Leben zu verhelfen. Mit seinem Laden hat er einen kleinen Kontakthof im Herzen der Stadt zur Blüte gebracht. Schon im 18. Jahrhundert gab es in Berlin einen berühmten Vorgänger: den Verlagsbuchhändler Georg Reimer, der in seiner Buchhandlung Manuskripte verlegte und einen Salon führte, der mit Schleiermacher befreundet war und auch verschiedene Salons, wie den von Henriette Herz, besuchte.

Für Fischer ist das ausgediente Modell der Verlagsbuchhandlung heute wieder attraktiv geworden. Doch aus finanziellen Gründen kann er sich verlegerische Projekte im Moment kaum leisten. Während sich die Salon-Geselligkeit vorn auf dem Canapé in alltäglichem Klatsch oder intellektuellen Diskursen ergeht, telefoniert Fischer

Annika Krump (bekannt als »Palmakunkel – die singende
Tellermiene«) beim »wiener gruppe abend«

nicht selten hinten im Kämmerlein mit Gläubigern, wie den Banken oder auch mal mit dem Sozialamt. Seine langen Öffnungszeiten und die Veranstaltungen sind auch dem finanziellen Druck geschuldet. Im dritten Jahr der Existenzgründung kann er vom reinen Bücher-Verkauf noch immer nicht leben. Neuerdings wird für die Lesungen auch Eintritt erhoben. Daß die Buchhandlung dennoch eher ein Bücherzimmer ist als ein kommerzielles Geschäft, erkennt man unter anderem an der speziellen Auswahl des Angebots. Es gibt keine Lebensratgeber, Reiseführer oder Kochbücher, die den Umsatz steigern könnten. Statt dessen französische Philosophen, Antike, Gedichtbände, Kunst- und Fotobände, Psychoanalyse, Kulturwissenschaft und Gegenwarts-Literatur. De Sades programmatischer Schwestern-Roman hat einen Ehrenplatz unter der dezent beleuchteten Guillotine. Sie gehört zwar in die Zeit Juliettes, aber möglicherweise symbolisiert sie auch die ständig drohende Finanzmisere des Buchhändlers und der Mehrzahl seiner Salongäste.

Für den Kunstkatalog »serialbathroomdummyrun«, eines von Hartmut Fischers verlegerischen Projekten, das Bargelds Fotoausstellung von Hotel-Badezimmern dokumentiert, hat der Buchhändler ein Vorwort geschrieben, das in komprimierter Form für ein gutes Schlußwort taugt: »Nun bin ich wahrscheinlich derjenige, der am meisten Zeit mit diesen Räumlichkeiten verbracht hat. Von einer bestimmten Position hat man von der Buchhandlung vier verschiedene Einblicke in den Galerieraum: den direkten und drei gespiegelte. Der Tag übernimmt die Rolle des Vexierbades: Umrisse werden scharf und zusätzlich auf die gespiegelten Fotos aus der Galerie legen sich immer deutlicher die Buchregale auf jene, vermischen sich, bis das Entwicklungsbad im zunehmenden Tageslicht seine Wirkung zu verlieren beginnt; nach und nach taucht der Schriftzug über dem Eingang der Galerie auf, die Dichter warten wieder geduldig, alphabetisch geordnet in Buchdeckeln, da öffnet sich die Tür ...«

»Bei Blanche« in Lichtenberg

»Gestern abend war Tee bei mir – ich wohne eine kleine Treppe hoch chambre garnie, Nr. 20, Französische Straße; in einem Hause, welches Ecke mit Friedrichstraße macht. Der Abend war belebt, lachend, sehr gut, aber mir doch zu lang, ich halte nicht mehr ausgedehnt aus«, sagt Blanche Kommerell in der Rolle der Rahel Varnhagen. Sie trägt ein schmales weißes Kleid mit Spitze aus dem vorigen Jahrhundert. Aufführungsort des Varnhagenschen Salons ist die Bühne des Musikclubs im Berliner Schauspielhaus am Gendarmenmarkt. Man schreibt das Jahr 1987. Das Bühnenbild besteht aus einem Canapé, Biedermeiermöbeln, einem handbemalten Paravent und einem Flügel. Wenn die Kommerell in ihrer Rolle als Rahel Levin-Varnhagen damals sagte: »Ist ein Zustand, wo die Wahrheit, die Grazie, die Unschuld nicht möglich sind, nicht dadurch allein verwerflich? Weg mit der Mauer! Weg mit ihrem Schutt! Der Erde gleich sei dies Unwesen gemacht!« wurde im Publikum still vor sich hingeschmunzelt. Wie so oft steckten die Wahrheiten über das Leben in der DDR zwischen den Zeilen. Doch auch sonst war das Stück »Berliner Salon – Rahel lädt ein« nicht nur ein nettes historisches Programm. Mit frei assoziierten Texten zwischen den Zitaten aus dem Briefwechsel der Salonière kommentierten die Schauspieler die aktuelle politische Situation in der DDR-Hauptstadt. Nach der Vorstellung setzten sie sich dann mit einem Glas Wein an die Tische im Zuschauerraum. »Wir haben zum Salon eingeladen und gleichzeitig einen Salon hergestellt«, erinnert sich Blanche Kommerell. Die meisten Gespräche, die sich hier entspannen, waren brisanter politischer Natur. Fast jedesmal gab es deswegen Aussprachen mit der Parteileitung des Schauspielhauses, die mit dieser Art frei inszenierter Kommunikation keineswegs einverstanden war.

Auch in Blanche Kommerells eigenem Salon mußten die Gäste auf leisen Sohlen gehen. Ein Mieter aus ihrem

Haus hatte sich als ABV (Abschnittsbevollmächtigter bei der Volkspolizei) amtlich beschwert, daß es bei seiner Nachbarin regelmäßige Zusammenkünfte gebe. Es werde da Klavier gespielt, und die Unterhaltung sei zu laut. »»Wir unterhalten uns doch nur‹, hab ich gesagt. ›Das ist nicht erlaubt‹, kam die Antwort.« Nachdem ihr auch das Klavierspielen zu bestimmten Zeiten untersagt worden war, bekamen die Gäste von der Salonière gleich nach der Begrüßung ein paar wärmende Socken mit der Bitte, die Schuhe auszuziehen, um jedes Geräusch zu vermeiden. »Wir haben es dann auch die ›Sockenparty‹ genannt«, sagt sie heute lakonisch.

»Bei Blanche« war der erste Salon, den ich Mitte der achtziger Jahre in der Lichtenberger Weitlingstraße kennenlernte. Ein Freund, der junge Autor Christoph D. Brumme, der inzwischen zwei Romane veröffentlicht hat, stellte hier seine ersten Gedichte vor. Die monatlichen Treffen im Berliner Zimmer von Kommerells Wohnung, das Fenster in drei Himmelsrichtungen hatte, fanden jeden Sonntagvormittag um elf Uhr statt. Die ungewöhnliche Zeit des Zusammentreffens und die Gastgeberin, die, braungebrannt im hellen Sommerkleid und mit einem spielerisch aufgesetzten Hut mit Früchten auf der Krempe, jeden so herzlich begrüßte, als wäre man hier schon immer zu Hause gewesen, konnten einen in gehobene Sonntagsstimmung versetzen. Das schöne Licht, das durch die Fenster in das Salon-Zimmer fiel, tat sein übriges dazu. Um die Sache abzurunden, wollte die Salonière mit ihren Gästen zusammen das »Lied an die Sonne« singen. Doch nicht nur ihren Teenager-Söhnen, welche die Runde nur ab und an beehrten, war diese gewollt verbindende Geste manchmal zuviel. Die meisten Besucher konnten der lebhaften Salonière, deren dunkle Locken unter dem Kirschenhut hervorquollen, allerdings nicht so ohne weiteres einen Wunsch abschlagen.

Die Gäste, die sich in Blanche Kommerells Salon einfanden, waren Studenten und Akademiker, junge Autoren oder ältere Schriftsteller, wie Volker Braun und Sigrid

Damm, Brigitte Struzyk, Joachim Walter, Daniela Dahn und Jochen Laabs sowie der Lyriker Willi Sagert, der, um sein Geld zu verdienen, in der Ostberliner »Akademie der Künste« als Hausmeister arbeitete. Es kamen auch die Galeristen und Künstler der nahe gelegenen Lichtenberger »Sophiengalerie«, damals ein wichtiger Treffpunkt für moderne Kunst und Musik. Außer ihrem Kollegen Christian Steyer, der im Varnhagen-Stück als Salongast Heinrich Heine und Wilhelm von Humboldt auftrat, kamen selten Leute von der Bühne oder vom Film, obwohl die Kommerell schon als Zehnjährige in einem Defa-Märchenfilm als Rotkäppchen vor der Kamera stand und später wichtige Rollen in »Jakob der Lügner«, »Bahnwärter Thiel« und »Die Schauspielerin« hatte.

Während sich nach den Lesungen der gestandenen Schriftsteller zumeist politische Diskussionen entspannen, wurden die Texte der jungen Autoren genau unter die Lupe genommen. Den literarischen Nachwuchs zu protegieren, ihn mit den älteren Kollegen bekannt und ihm deren Erfahrungen und Verbindungen zunutze zu machen, war eins von Kommerells Salon-Anliegen.

Wenn die Gastgeberin heute von ihren Geselligkeiten erzählt, dann spricht sie von der ersten, zweiten und dritten Phase ihres Salons. Die siebziger Jahre bezeichnet sie als seine Blütezeit. »Das hing mit meiner schönen Wohnung zusammen. Ich hatte eine große Küche mit 'nem großen Tisch als ein Zentrum für Gespräche und ein durch eine Tür geteiltes Doppelzimmer, das sich als Bühne und Salon anbot. In meinem Flur konnten junge Maler ihre Bilder ausstellen.« Jemand präsentierte bei ihr sein neues Stück, und so fing es an mit dem Salon. Man traf sich immer montagabends, diskutierte nach den Lesungen politischen Zündstoff und nannte es einen »Jour fixe«, als noch kaum jemand in Berlin an Salongründungen dachte. Damals war die junge Schauspielerin Ende Zwanzig. Das Studium an der Ostberliner Schauspielschule »Ernst Busch« hatte sie noch an ein Germanistik- und Musikwissenschaftsstudium an der Humboldt-Universität angeschlossen. Sie war verheiratet und ihre Söhne noch klein. Auch die gleichaltrigen Gäste brachten ihre Kinder mit, die während der Lesungen durch das Zimmer rannten, über Stühle und Sofas kletterten und zum Salon dazugehörten.

In dieser Zeit bekam sie auch Gelegenheit für ihren ersten offiziellen Salon. Im Podewil, das zu DDR-Zeiten »Haus der jungen Talente« hieß und wo heute Britta Gansebohm ihren literarischen Salon veranstaltet, initiierte die Kommerell einen öffentlichen Treffpunkt. »Da konnte ich das weiterführen, was ich auch zu Hause gemacht habe: Ein Thema vorgeben und dazu einen Maler einladen, einen Schriftsteller und einen Musiker, die sich über ihre verschiedenen Künste unterhalten.« Da sie auch einen Autor wie Jurek Becker dazubat, wurden die Gesprächsrunden »sehr schnell hochpolitisch«. Es ging vor allem um die Ausbürgerung von Wolf Biermann und eine notwendige Veränderung der DDR – nach kurzer Zeit wurde der Salon ersatzlos gestrichen.

Nach der Trennung von ihrem Mann ließ sie den Salon erst nach einer Zeit des Rückzugs wieder aufleben. Zunächst zaghaft und dann immer regelmäßiger fanden sich nun alte und neue Gäste »Bei Blanche« ein. Ihre Kinder machten ihr aber des öfteren einen Strich durch die Rechnung und störten das gesellige Treiben, das sich wieder im Haus zu entfalten begann. Kleinere Terrorakte gegen den Salon waren das Verstecken der Schuhe der Besucher, größere die lapidare Auskunft an der Tür: »Unsere Mutter ist nicht zu Hause.« Einer Freundin der Salonière ist noch in Erinnerung, wie sich die Jungs mit in die Hüften gestützten Händen vor der Salon-Gesellschaft aufbauten und lauthals fragten: »Wann gehen die denn endlich!« Die Söhne beobachteten eifersüchtig die Verehrer ihrer Mutter unter den Besuchern, die um ihre Gunst warben. Da sich die Gastgeberin während der Salon-Treffs nicht jedem gleichermaßen widmen konnte, wurde der aussichtsreichste unter ihnen noch einmal zum Frühstück eingeladen, »wo die Kinder dann noch ungnädiger waren«. Letztlich geblieben ist dann doch ein Mann vom Theater, der bis heute die Runden »Bei Blanche« bereichert.

Kurz nach der legendären Groß-Demonstration am 4. November 1989 auf dem Alexanderplatz trafen sich die Gäste »Bei Blanche« zum vorerst letzten Mal. Ausgiebig wurde über das Transparent gesprochen, mit dem ihr Sohn für Aufsehen gesorgt hatte und das auf vielen Pressefotos in ost- und westdeutschen Medien abgebildet gewesen war. Auf seinem Plakat hatte er den gerade zum Staatsratsvorsitzenden ernannten Egon Krenz mit seinen vorstehenden Zähnen als den verkleideten Wolf dargestellt, der sich als Rotkäppchens Großmutter ausgibt. Über seiner Schlafhaube stand in großen Lettern der Spruch: »Aber Großmutter, warum hast du so große Zähne?«

Das zweite vorläufige Ende der Salon-Geselligkeit rührte aber nicht von den politischen, sondern von schwerwiegenden persönlichen Einschnitten her. Kurz hintereinander verlor Blanche Kommerell zwei enge Familienangehörige. Nach Gastgeben stand ihr lange nicht mehr der Sinn. Erst ein paar Jahre später nahm sie ihre Gesellschaft wieder auf und unterstützte auch die Grafikerin Gisela Kurkhaus-Müller in ihren Salon-Ambitionen. In deren »Salon in Beton« ist die Schauspielerin mit ihren verschiedenen literarischen Programmen und natürlich auch als historische Salonière aufgetreten.

Der Hauptunterschied des damaligen zu ihrem heutigen Salon in der Berlin-Kaulsdorfer Wohnung besteht darin, daß die Gäste sich nicht mehr über Politisches streiten oder gar die Welt verändern wollen. Die Gespräche sind persönlich geworden und durch Anteilnahme an den Problemen der Gesprächspartner gekennzeichnet, auch wenn man sich vorher nicht kannte. »Und mein Publikum hat sich verjüngt, das heißt, es ist eigentlich immer um die dreißig geblieben, nur ich bin zwanzig Jahre älter geworden«, sagt Blanche Kommerell mit melancholischem Blick.

Ihr Salon, der in den siebziger Jahren wöchentlich und in den achtziger Jahren monatlich stattfand, ist nun ein vierteljährlicher Jahreszeiten-Salon geworden. Getreu dem Varnhagenschen Vorbild ist er, zumindest der Form nach, ein Salon der Romantik geblieben: »Man unterhält sich, liest sich was vor, musiziert, speist dann nachts, man flirtet und verliebt sich«, faßt sie die aktuellen Salon-Aktivitäten zusammen. »Ein junges Pärchen«, sagt sie lachend, »dankt mir heute noch, daß es sich bei mir kennenlernen durfte.« Oftmals werden zu ihren Salons auf dem Klavier auch Werke der Komponistinnen aus der Romantik gespielt, Stücke von Clara Schumann oder Fanny Hensel zum Beispiel. Letztere hatte im 18. Jahrhundert in der Leipziger Straße Nr. 3 einen Berliner Salon geführt, um ihre Musik wenigstens einer kleinen Öffentlichkeit vorstellen zu können.

Manchmal bittet Blanche Kommerell die Gäste heute, selbst ein Lied, einen Sketch oder ein Gedicht vorzutragen, oder sie führt eigene Stücke auf. Die von ihr verfaßten literarischen Porträts zu Levin-Varnhagens und Bettina von Arnims Salon, zu den Gedichten von Annette von Droste-Hülshoff und den Tagebüchern von Maxi Wander, zu Christa Wolfs »Kassandra« und Ingeborg Bachmanns »Malina« werden zuerst an den Salongästen ausprobiert.

Der diesjährige Frühlingssalon am Oster-Sonnabend, bei dem sie ihre eigenen, gerade bei einem kleinen Verlag erschienenen Kurzgeschichten und Gedichte vorstellen will, muß jedoch ausfallen, weil sie sich bei einem Auto-Unfall einen komplizierten Bruch zugezogen hat.

Wir treffen deshalb für unser Gespräch eine ungewöhnliche Verabredung im Krankenhaus. Der gepflasterte Weg zur Unfallklinik führt über saftige Wiesen. Und auch das Zimmer der Schauspielerin läßt einen schnell vergessen, daß man sich hier in einem Hospital befindet. Im Fenster stehen Fotos und ein Meer von Blumensträußen, auf dem Tisch ein Kandelaber mit heruntergelaufener Kerze. Skizzen und Plakate hängen an den Wänden. Wie im Salon bekommt man zur Begrüßung eine Tasse frisch gebrühten Tee, und trotz der Krücken, auf die sich Kommerell noch stützen muß, strahlt sie ihre alte Wärme und Lebendigkeit aus.

»Leute einladen und einen Abend mit einem Thema gestalten – ob in einem inszenierten oder eigenen Salon – ist mein Lebensinhalt geworden«, sagt sie bei unserem Wiedersehen. Blanche Kommerell, deren Großmutter eine Spanierin war, erinnert mit ihren braunen Augen und den langen dunklen Haaren, in die sich silberne Strähnen gewoben haben, an Bettina von Arnim, deren Vorfahren italienischer Herkunft waren. »Und doch«, sagt sie von sich, »bin ich nicht als Bettina und nicht als Malina, sondern als Rahel Varnhagen am meisten in den Köpfen der Menschen geblieben.«

Nicht nur zu Hause oder auf der Bühne, sondern auch im Krankenhaus empfängt Blanche Kommerell zahlreiche Gäste. Auf dem Stuhl neben ihrem Krankenbett türmen sich die Bücher, und in gewisser Weise teilt sie die Neigung der alten Salonièren zu dem Altmeister der deutschen Literatur. Neben dem Buch von Daniela Dahn »Westwärts und nicht vergessen«, das ihr die Schriftstellerin als Trostpflaster geschickt hat, liegen Goethes »Clavigo« und »Stella«.

Theaterspielen nennt sie heute ihren »Oberluxus«, eigene Lesungen machen ihren »Luxus« und Schauspiel-Unterricht geben ihren »Broterwerb«. Am wohlsten fühlt sie sich immer in ihren Salonièren-Rollen. »Weil ich da ich sein darf«, sagt sie mit einem strahlenden Lächeln. »Das Gastgebende liegt mir, das für andere da sein, sich über schöne Dinge miteinander unterhalten, schöne Musik miteinander machen und Menschen kennenlernen.« In dem in diesem Jahr vom Bayerischen Rundfunk ausgestrahlten Fernsehfilm »Rahel Varnhagen – Ein Porträt« ist sie wieder überzeugend in ihre alte Rolle geschlüpft, wie nur eine, die das Vermächtnis der von ihr vielmals verkörperten Vorgängerin längst eingelöst hat – auf der Bühne des Lebens.

Die literarischen Abende
bei Carolin Fischer in Schöneberg

Carolin Fischer wohnt gemeinsam mit ihrem Lebensgefährten, einem Maler, in einer jener Berliner Altbauwoh-
nungen mit Parkett, in der die Besucher entzückt ausru-
fen würden: »Hier müßte man mal einen Salon veranstalten!« – wenn es ihn nicht schon gäbe. Das salonhafteste
Möbelstück in der Edelbehausung ist ein Sofa ohne Rük-
kenlehne und mit hohen nach außen geschwungenen
Armlehnen. Die Salonière nennt es nicht Sofa oder Diwan, nicht Couch oder Canapé. »Setzen Sie sich doch
schon mal auf die *Récamiere!*« ruft sie der Besucherin
zu. Selbstverständlich und nahezu beiläufig kommt ihr
das Fremdwort über die Lippen. Das Sitzmöbel hat sie
sich von ihrem ersten Ersparten in Lyon gekauft, dessen
Original – das Sofa der Madame Juliette Récamier – steht
heute im Pariser Louvre. Nach dem Vorbild der literarischen Geselligkeit der Madame de Staël hatte die Lyone-
rin Juliette Bernard, die mit dem Liebhaber ihrer Mutter,
dem Bankier Jacques Récamier, verheiratet worden war,
in Paris einen eigenen Salon eröffnet. Zu ihren Gästen
zählten Generäle, Diplomaten, Dichter und Maler. Letztere haben die anmutige Schönheit auf dem von ihr bevorzugten Sofa immer wieder auf Gemälden festgehalten.
Ideal ist die Récamiere für zwei Gesprächspartner. Eine
Stunde vor Salonbeginn sitzt mir die Gastgeberin hier
direkt gegenüber, wir haben den Rücken jeweils an
eine der gut gepolsterten Armstützen gelehnt – eine Ge-
sprächssituation, die gleichzeitig Nähe und Distanz
schafft. Zur Erfrischung schenkt mir die »Teejungfrau«,
eine junge Polin, aus einem Kristallkrug mit silberner
Tülle ein Glas »Kalte Ente« ein. Der Salontrank besteht
hier aus Weißwein, Sekt, Mineralwasser und einer spiral-
förmig geschnittenen Zitronenschale. »Die ›Kalte Ente‹ ist
ein altes Berliner Sommergetränk, das man schon bei
Fontane trank«, sagt Carolin Fischer und setzt sich mit

Carolin Fischer auf der Récamiere

einer graziösen Geste auf der Recamiére zurecht. »Als ich es mal für einen Abend gemacht habe, meinte eine Freundin: ›Das mußt du jetzt immer machen, das ist unser literarisches Getränk!‹« Mit der weißen ärmellosen Bluse und dem langen schwarzen Rock – die blonden Haare kunstvoll hochgesteckt, die Fingernägel lackiert – vermittelt sie den Eindruck einer typischen Saloniére mit schlichter Eleganz. Dennoch bezeichnet sie ihre Geselligkeit, die sie seit zwölf Jahren in Zusammenhang mit einer Lesung initiiert, nicht als Salon, sondern als literarischen Abend. »Von Salons wußte ich nichts, als ich damit anfing. Ich kannte damals nur Madame de Staël. Und daß man sich nicht in der Tradition einer Frau fühlt, die die Tochter eines der reichsten und mächtigsten Männer Europas und selber berühmte Schriftstellerin ist, die in der Weltpolitik mitmischt, das versteht sich von selbst.«

Immerhin ist auch Fischer eine Tochter aus gutem Hause, die »mit echtem Spreewasser in der Gedächtniskirche« getauft wurde. Sie ist in den gutbürgerlichen Westberliner Stadtbezirken Wilmersdorf und Zehlendorf aufgewachsen, hat das Französische Gymnasium besucht und in Berlin und Paris studiert. Seit einigen Jahren arbeitet die promovierte Romanistin an der Humboldt-Universität. Verfaßten die alten Berliner Salonièren Anstands- und Erziehungsbücher, so hat Fischer unter dem Titel »Gärten der Lust« ein Buch über die Geschichte der erotischen Literatur geschrieben. »Sex & Crime« sei das, womit sie sich am liebsten beschäftige, sagt die Mittdreißigerin überraschend, von der man auf den ersten Blick annimmt, daß sie kein Wässerchen trüben könnte. Ihr Buch hat sie damals zur Eröffnung des »Literarischen Salons Britta Gansebohm« im Podewil vorgestellt. Als wesentlichen Unterschied zwischen ihrer und Gansebohms Gesellschaft bezeichnet sie die Privatheit des Kreises. Zu ihr kämen nur Freunde und Bekannte, die sie mit einem Anruf zu den etwa alle sechs Wochen stattfindenden Freitagabenden einlade. Zu ihren treuesten Stammgästen gehörten Freundinnen aus der Schulzeit, die inzwischen Ärztin, Bankerin oder Geisteswissenschaftlerin geworden sind. Neben einigen Journalisten, die sie durch ihre publizistische Arbeit für den »Tagesspiegel« oder den »SFB« kennengelernt hat, kommen auch manchmal ihre Eltern und Gäste, die »sonst nix mit diesem ganzen Betrieb am Hut haben«, die aber in Kontakt kommen wollten mit dieser anderen Welt.

An dieser Stelle unterbricht ein Klingeln an der Tür unser Gespräch, um acht Uhr kommen die ersten Gäste. Kaum einer der elegant gekleideten Besucher läßt es sich nehmen, die Gastgeberin mit einem Blumenstrauß zu beehren. Der Ständer für die Garderobe steht gleich einer sichtbaren Grenze in der Mitte von Fischers Arbeitszimmer. Wer sich versehentlich dahinter verirrt, wird sofort zurückgerufen, denn ihr von Bücherstapeln umgebener Schreibtisch ist einer der wenigen Orte in der Wohnung, der den Blicken der Gäste vorenthalten bleiben soll.

Während die Besucher mit einem Glas »Kalte Ente« in der Hand von der Gastgeberin bekannt gemacht werden, stehen sie in Grüppchen zusammen, nehmen die Récamiere oder das halbrunde korbgeflochtene Canapé in Beschlag, das Fischer scherzhaft »unseren Strandkorb« nennt.

Gegen neun Uhr wird zur Lesung gerufen. Feierlich, wie eine Mutter am Heiligabend das Geheimnis des Weihnachtszimmers lüftet, öffnet Carolin Fischer mit großer Geste das Portal zur Bibliothek. Der erste Blick fällt auf ein großformatiges Bild in Orange und Blau, das an der Stirnseite des Zimmers hängt und von ihrem Lebensgefährten stammt. Links und rechts stehen Bücher- und CD-Regale an den Wänden. Die in einer Ecke aufgereihten Plastik-Stühle, die man selber aufklappen muß, reichen nicht für alle. Wer keinen mehr bekommt, muß stehen oder kann im »Strandkorb« den Panorama-Blick vom Portal in die Bibliothek genießen.

Am heutigen Abend liest Tanja Langer aus ihrem Romandebüt. Die Autorin hat bisher Theaterstücke geschrieben und als Rezensentin in der Zeitung publiziert. In einer transparenten schwarzen Bluse steht sie mit ihrem Buch »Cap Esterel« am weißen Pult bereit. Bevor sie beginnt, erzählt die Salonière, wie sie sich kennengelernt haben. In einem Literatur-Seminar an der Freien Universität sei Langer mit einem Kompliment zu ihren schönen Armen auf sie zugekommen. Deshalb, sagt Fischer lachend und nimmt die gleichaltrige Autorin sanft bei den Schultern, trage sie heute auch die weiße ärmellose Bluse. Langers damaliger Freund, das möchte sie noch erwähnen, habe in ihrem allerersten Salon in der »Ein-Zimmer-Studentenbude« Gedichte aus der Schublade rezitiert. Daß ihre damalige Kommilitonin nun selbst Schriftstellerin geworden sei, freue sie besonders, rundet Fischer ihre Einführung ab. Tanja Langer, der diese Art der persönlichen Vorstellung ein bißchen peinlich zu sein scheint, revanchiert sich mit der Bemerkung, die Gastgeberin habe sie gebeten, sich beim Vortrag besonders auf die erotisch-heiteren Stellen im Buch zu konzentrieren. »Ich sagte die sinnlich-heiteren!« wirft Fischer protestierend dazwischen.

Autorin Tanja Langer mit der Salonière

Wie ein Prinzenpaar sitzen sie und ihr Freund während der Lesung immer rechts vom Pult ganz vorn. Selig ruht der Blick der Salonière auf der Autorin, während sie aus ihrer Liebesgeschichte liest, die in Berlin, München und Südfrankreich spielt und sommerliches Urlaubsflair in das gut gefüllte Bibliothekszimmer zaubert.

Bisher haben hier vor allem anspruchsvolle Gegenwarts-Autoren wie Alban Nicolai Herbst, die Bachmann-Preisträgerin Sibylle Lewitscharoff und Thomas Hettche ihre Bücher vorgestellt. Gern erinnert sich die Salonière, die der konventionell erzählten Prosa bei den Lesungen den Vorzug gibt, an den Abend mit Marcel Beyer zurück. Sein Buch »Flughunde«, in dem es um die medizinischen Experimente der Nazis geht, habe dazu geführt, daß sich die Besucher, und vor allem ein Medizinprofessor und der Autor, den Kopf heiß diskutiert hätten. Neben der Epik komme auch immer mal wieder die Lyrik und Essayistik zum Zuge, wie kürzlich bei der Lesung von Florian Felix Weyh aus seinem Buch »Die ferne Haut – Wider die Berührungsangst«.

Nach dem Vortrag von Langer gibt es nur eine kurze Diskussion, die meisten Gäste, die sich zu Wort melden, wirken wie Universitäts-Professoren. Wenn der offizielle Teil vorbei ist, werden bei reichlich »Kalter Ente«, von der man angeblich nicht betrunken wird, nützliche Salon-Kontakte geknüpft. Die Besucher entpuppen sich tatsächlich als Universitäts-Professoren oder Rundfunkredakteure, Schriftsteller oder Verlagslektoren. Auch Britta Gansebohm ist hier, und die Literaturagentin Karin Graf ist mit einem österreichischen Autor gekommen. »Bei Gansebohm nimmt die Lesung fast den ganzen Abend ein«, besteht Fischer, bei der die Dichter ohne Honorar lesen, noch einmal auf dem Unterschied. »Hier dagegen bleibt man noch viele Stunden mit dem Autor zusammen.« Weil ihr Kreis überschaubar ist, kommt man leichter mit den Gästen ins Gespräch, muß aber, wenn man niemanden kennt, auf die anderen zugehen.

Im Verlauf des Abends zieht es einen Großteil in die Küche, wo der Käsekuchen steht. Eine Runde diskutiert gerade mit Teller und Kuchengabel in der Hand eine kürzlich ausgestrahlte Radio-Sendung über den literarischen Nachwuchs und zieht gleich noch ein bißchen über einen der vorgestellten jungen Autoren her. Während man sich den Kuchen auftut, wird man hier von jedem dritten gefragt, ob man denn schon bei Nicolaus Sombart gewesen ist, denn nur dort seien die höheren Salon-Weihen zu haben. Wie die Salonière selbst erweisen sich auch viele ihrer Besucher als Stammgäste – *Habitués* sagt man hier – des Grandseigneurs des Berliner Salons. Es scheint sogar, daß er, dessen eigene »Teegesellschaft« momentan pausiert, nicht nur einen Großteil seiner akademisch-gutsituierten Stammgäste, sondern auch sein Salon-Vermächtnis an Carolin Fischer abgetreten hat. Sie ist für ihn eine würdige Nachfolgerin, weil sie als gutaussehende Gastgeberin im Zentrum der Geselligkeit steht und auch sinnliche Besucherinnen einlädt. »Frauen lade ich lieber ein, wenn sie außerdem noch attraktiv sind, aber ich lade auch lieber attraktive Männer ein«, sagt Carolin Fischer während wir in der Küche stehen. Sie, die anfangs darauf bestanden hat, ihre Abende nicht Salon zu nennen, obwohl sie doch eher als viele andere der alten Idee dieser Begegnungsstätte entsprechen, gesteht am Ende unserer Unterhaltung ein, daß sich die Veranstaltungen doch peu à peu dorthin entwickelten: »Die Kontakte, die untereinander entstehen, daß ein Salonmitglied anfängt zu schreiben oder daß die intellektuellen mit den nicht-intellektuellen Bürgern an diesem Ort zusammentreffen, während man doch sonst in seinen getrennten Sphären lebt – in dieser Hinsicht stehen die Abende in der Tradition des Salons.« Aber, betont sie, diese Art von privaten literarischen Treffen wären wirklich etwas für die unbeschäftigten Damen der Gesellschaft gewesen. Es koste sie sehr viel Zeit, wenn sie an die fünfzig Telefonate führe, Wein kaufe, die Wohnung vorbereite und hinterher wieder saubermache. »Und wenn dann gerade ein Buch oder ein Aufsatz fertig werden müssen, dann mache ich auch mal ein paar Monate Pause, denn dann ginge es nur als Strapaze, aber ich will's ja zum Vergnügen machen.«

Anders als in anderen Salons, wird weder in Fischers Küche noch in den Räumen geraucht. Die wenigen Raucher unter den Gästen gehen rücksichtsvoll auf den mit Margeriten bepflanzten Balkon. Inzwischen wird auch die Récamiere im Wohnzimmer wieder fleißig frequentiert. Eine Schriftstellerin, die gerade mit einem Roman über die fünfziger Jahre reüssiert, und ein Essayist tauschen sich dort über die Qualität von Nachtbrillen und Ohrstöpseln aus, ohne die sie keinen Schlaf mehr finden.

Gegen zwei Uhr nachts gibt es noch einen harten Kern rund um das französische Sitzmöbel, dessen Besetzung wieder gewechselt hat. Ganz rechts sitzt jetzt Carolin Fischer, zu vorgerückter Stunde mit gelöstem Haar, ganz links ein Journalist. Wer Pech hat, muß sich zwischen den beiden plazieren und kann noch nicht mal das müde Rückgrat stützen. Hoch lebe das Canapé mit Rückenlehne – mag der Gekrümmte gedacht haben.

Der literarische Salon in der Restauration Walden in Prenzlauer Berg

Bevor es losgeht, wird vorn im Schankraum mit einem Glöckchen geläutet: »Wer noch zur Lesung will, sollte jetzt kommen!« ruft Eva Jankowski von der »Waldencrew«. Im Durchgang vom roten zum grünen Salon, wie Jankowski die in verschiedenen Farben gestrichenen Zimmer nennt, liegt eine kleine Tafel auf einem Tisch. »Literarischer Salon« steht darauf mit Kreide geschrieben, und ein Pfeil weist in den dritten Raum, den sogenannten blauen Salon. Dort flackern Kerzen in filigranen Leuchtern an den Wänden. Aus dem Tresenraum dringt Kneipenlärm. Vor dem Autor Peter Brasch liegt sein neuer Roman »Schön hausen«, neben ihm steht ein fettes Huhn aus rosa Porzellan, und hinter seinem Rücken gehen die Fenster hinaus auf die Choriner Straße. Das Publikum, das sich hier im Halbdunkel zu einer Lesung zusammengefunden hat, ist eher typisch für den alten Prenzlauer Berg: intellektuell, mittelalt, leicht übernächtigt, kettenrauchend, mit Lederhose und Kapuzenshirt. »Prenzlauer Berg«, betont Brasch, »und nicht Prenzlberg, wie ihn die zugezogenen Wessis am Kollwitzplatz nennen.« Die Geschichte seines Buches spielt genau hier in dieser Gegend – diesseits und jenseits der Schönhauser Allee. In der Atmosphäre des schlichten Salon-Zimmers – Stühle, Tische und eine im Zentrum stehende Säule sind aus naturbelassenem Holz – und umgeben von konzentrierten Mienen, fällt es nicht schwer, sich in Braschs Erwachsenen-Märchen hineinzuversetzen, das im Nachwende-Berlin mit unwirklichen Ausflügen in die untergegangene DDR-Hauptstadt spielt. Den Helden von »Schön hausen«, Gianluca, und seine Freundin Giorgina, ein sprechendes Rotkehlchen, hat es urplötzlich aus dem warmen Sizilien auf den herbstlichen Alexanderplatz verschlagen. Weil die alte Imbiß-Verkäuferin Margarete Schickedanz an den komischen Vögeln Gefallen findet, nimmt sie die beiden kurzerhand mit nach Hause, wo sie Gianluca ihre Lebensgeschichte zu erzählen beginnt. Der Blick durch die Fenster vom Salonzimmer fällt auf eine alte Prenzlauer-Berg-Fassade mit bröckelndem Putz. Hinter einem der geschwungenen Balkongitter könnte man Schickedanz' Wohnung vermuten.

Nach der einstündigen Lesung zündet sich der Mitvierziger mit dem Bukowski-Gesicht lässig eine »Roth Händle« an. Das rosa Porzellanhuhn läßt Brasch als voluminöse Sparbüchse mit der Bemerkung herumgehen: »Für die armen Vögel aus dem Prenzlauer Berg.« Viel kommt nicht zusammen in der fetten Henne, denn die Besucher haben es selbst nicht so üppig. Danach löst sich die Runde sang- und klanglos auf. Peter Brasch, der in der DDR vor allem mit Kinderliteratur bekannt wurde und dessen älterer Bruder, der Autor und Regisseur Thomas Brasch, der Anfang der achtziger Jahre in den Westen gegangen war, zieht sich mit ein paar Freunden auf ein Bier an einen Tisch zurück.

Nicht Herwarth Walden, der Begründer der expressionistischen Berliner Zeitschrift »Der Sturm«, sondern H. D. Thoreaus Klassiker »Walden oder Leben in den Wäldern« gab der Kneipe ihren Namen. Der amerikanische Autor hatte sich 1845 aus Protest gegen die gesellschaftlichen Strukturen seiner Zeit als erster Aussteiger in die Einsiedelei zurückgezogen. Er, der den Menschen als Natur- und nicht als individuelles Gesellschafts-Wesen betrachtete, schildert in den tagebuchartigen Essays sein einfaches Leben im Wald. Thoreaus Beschreibung vom Waldensee hängt auf dem Weg zu den Kneipen-Toiletten an der Wand: »sandiger Boden, sparsame Wasservegetation, fischreich (besonders Grashecht-Varietät), Ufer regelmäßig mit Steinen bedeckt«. Eine Szene-Kneipe mit Natur-Metaphorik wirkt irritierend im Häusermeer von Berlin. Die Restauration, sagt Eva Jankowski, soll ein Refugium sein, eine Insel mitten im Kiez, wo die Besucher mal abtauchen können. Die drei Betreiber sind um die dreißig und eigentlich Theaterleute. Die resolute Jankowski mit dem schwarzen Schneewittchen-Haar hat an der Schöneweider Schauspielschule »Ernst Busch« Regie studiert, kommt aus Thüringen und ist für das ›Kulturmanagement‹ verantwortlich. Peter Bongardt, der Mann mit dem buschigen Pferdeschwanz, stammt aus ›Mac Pomm‹, ist eigentlich Theaterwissenschaftler und hat nun die Oberhoheit hinter dem Tresen. Der dritte im Bunde, Matthias Beck, war früher Hornist und hat in Ostberlin Kindertheater gemacht. Heute mimt er den Chefkoch. Da die drei schon früher in Kneipen gejobbt haben und auch heute von ihrer Kunst nicht leben können, versuchen sie sich seit anderthalb Jahren als Walden-Wirte. Wichtig ist ihnen, daß Leute aus der Gegend den Weg in die Restauration finden, die keine Künstlerenklave werden soll und auch kein reiner Schriftstellertreff.

Die »Walden-Crew« im Refugium ihres grünen Salons:
Peter Bongardt, Eva Jankowski, Matthias Beck (v.l.n.r)

In die etwas abgelegene Choriner Straße verirrt sich sowieso so schnell kein Touristenbus und auch kein Neu-Prenzlberger Publikum. Tagsüber und oft auch an den Abenden herrscht im Schankraum gähnende Leere. Die Kneipe liegt eben nicht in der Kollwitzstraße oder am Wasserturm, sondern jenseits der Schönhauser. Um die Gäste hierher zu locken, aber auch, weil es ihnen »nicht nur ums Fressen und Saufen geht«, hat sich die Crew unter anderem den »Literarischen Salon« einfallen lassen.

Das Programm des Salons, der seit Eröffnung der Restauration einmal im Monat immer montags stattfindet, ist eine wilde Mischung aus ehemaliger Prenzlauer-Berg-Kultur, Klassiker-Lesung und Kleinkunstbühne. Eine Erfindung vom Walden ist das »Hörspiel zum Zugucken« – eine szenische Lesung von Schauspielern mit Geräuschen (Glocken, Schellen, Hupen, Tassen, Teller etc.) und Musik (Klavier und Synthesizer). Agatha Christies »Miss Marple«, Heinrich von Kleists »Die Marquise von O.« und

Erich Kästners »Fabian« wurden so als Mehrteiler auf die Bretter des blauen Salons gebracht. An diesen Abenden sind die kleine Bühne und auch die Tische im Zuschauerraum mit rotem Samt drapiert. Es wird immer voll, und wer Pech hat, findet nur noch hinter der klobigen Holz-Säule, die fast vollständig die Sicht versperrt, einen Platz.

Über drei Abende erstreckte sich die Aufführung von »Fabian – Die Geschichte eines Moralisten«, die nicht nur eine Reminiszenz an das Kästner-Jahr sein sollte. Als sich Fabian auf der Bühne vorstellt: »Jakob Fabian, zweiunddreißig Jahre alt, Beruf wechselnd, zur Zeit Reklamefachmann ...« wird im Publikum wissend gelacht. Auch wenn Kästner seine Berliner Großstadtsatire schon Anfang der dreißiger Jahre geschrieben hat, gibt es genügend Bezüge zur Gegenwart. Berlin, das war wie heute nicht nur die Stadt, in der man sich in schillernden Bars und Salons vergnügte, sondern auch, wie Fabian, bedroht war von Existenzangst und Arbeitslosigkeit. Wenn Fabian vom »provisorischen Charakter der Epoche« spricht, könnte die heutige Hauptstadt-Stimmung nicht besser umschrieben werden. Daß der Kästner-Stoff Konjunktur hat, beweist auch Thilo Köhler, ein Autor und Stammgast vom »Literarischen Salon Britta Gansebohm«. Er hat dort vor kurzem aus seinem Manuskript »Fabius. Oder wie wir jung waren« gelesen, das sich bewußt an Kästners Vorlage anlehnt, aber weder im Berlin der dreißiger noch dem der neunziger Jahre spielt, sondern, so der Autor, in der »traurigen, selbsternannten Hauptstadt der DDR«.

Dort füllten einst Szene-Ikonen der Achtziger, wie der Anarcho-Dichter Bert Papenfuß und der »Freygang«-Gitarrist Egon Kenner die Prenzlauer Berger Kellerverliese und Kirchensäle. Papenfuß, Kult-Poet der selbstverlegten Zeitschriften und Wohnungslesungen, so heißt es, sei inzwischen der PDS beigetreten und der Freygang-Musiker, dessen Band nach verschiedenen Skandälchen in der DDR verboten wurde, hat einen Schmerbauch bekommen, den auch die schwarze Lederhose nicht wettmacht.

Mit einigen Ostberliner Autoren gibt Papenfuß noch heute im Kiez die Protest-Zeitschrift »Sklaven-Aufstand« heraus, in der er auch Dichter-Manifeste zur Vertreibung der Wessis rund um den Wasserturm veröffentlicht.

Dennoch scheint der Untergang der alten Prenzlauer-Berg-Kultur, die schon in die deutsche Literaturgeschichte eingegangen ist, unaufhaltsam, und es hätte kaum einen traurigeren Abgesang geben können, als den im »11. literarischen Salon«, der eine »Piraten/Oper/Unplugged/Preview« mit »Kommando Stuhlgeist« und Bert Papenfuß präsentierte. Das »Kommando«, das sich speziell für die Lesung zusammengefunden hatte, rockte mit einer Inbrunst, als hätte es einen tobenden Saal vor sich und nicht nur eine spärliche Anzahl Besucher im blauen Salon, die von den Dezibel fast an die Wand gedrückt wurde. Vielleicht weil das Walden eine Sonne im Wirtshausschild führt, trugen zwei der Musiker coole Sonnenbrillen. Papenfuß, dessen Markenzeichen schon immer die von Bands begleiteten Lesungen waren, versuchte vergeblich gegen den Höllenlärm anzulesen. Seine frustrierte Zeichen-Verständigung mit Bassist Kenner, der sich genußvoll dem Rhythmus der Musik hingegeben hatte, scheiterte am entschlossenen Darstellungswillen der Band. Nachdem die Hälfte der Besucher wegen Kopfschmerzen den Raum verlassen hatte, brach die Salon-Veranstaltung irgendwann ab. Wie eine Böse-Geister-Erscheinung verschwanden die Großstadtpiraten mit wiegendem Reiterschritt in der Nacht.

Das Salonhafteste, was im Walden geschieht, läuft nicht unter diesem Namen. Es sind die »Wein-Lesungen« im grünen Salon, der tatsächlich ein kleines Refugium darstellt. Die Wände sind waldreich mit Wundervögeln und stilisierten Bäumen bemalt. Stefan Dierichs, der schon als Beleuchter und Kranfahrer, als Schauspieler und Regisseur gearbeitet hat, ist der Gastgeber dieses Abends. Nach der Wende hat er mit seiner Familie als Winzer auf einem toskanischen Weingut gelebt. Für seine »Wein-Lesungen« – eine Mischung aus Weinverkostung,

Minimenü und Lesung – muß man Plätze vorbestellen. Das Publikum ist ein bißchen älter und gesetzter, als an anderen Abenden. Man hat den Eindruck, daß die alternativen Walden-Besucher ihre Eltern hierher ausführen, um ihnen mal etwas Besonderes zu bieten.

Gastgeber Dierichs verkörpert den Typ des klassischen Weinbauern. Er ist kräftig gebaut, hat zupackende Hände und ist schon im Frühjahr braungebrannt. Flinke Augen sitzen unter buschigen Brauen, das Kinn ziert ein Drei-Tage-Bart, und das feierliche rote Seidenhemd ist nachlässig in die Hose gestopft. Auf seinem kleinen Gastgeber-Tischchen liegen neben verschiedenen Weinflaschen zwei Bücher, Landkarten und handgeschriebene Zettel.

Bei der heutigen »Wein-Lesung« soll es um Pfälzische Weine gehen. Bevor der erste Gang durch die »Waldencrew« aufgetragen wird, dürfen alle einen Riesling kosten. Dierichs hat als guter Gastgeber die vier Weine des Abends selbst ausgesucht und in verschiedenen Läden der Gegend, wie dem »Nix wie Wein« in der Kopenhagener und auch bei »Aldi«, eingekauft. Jedem der dreißig Gäste gießt er persönlich einen Begrüßungsschluck ein und fordert sie auf, ihre Serviette hinter das Glas zu halten, um das Changieren der verschiedenen Farbtöne – von »strohgelb« bis »hellgrün« – zu beobachten. Während die Gäste kosten und begeistert die Augenbrauen heben, referiert Dierichs anhand seiner Zettel. Es geht um die Anbaugebiete des Rieslings in Flußtälern, um seine Reifezeit, um Öchsle-Angaben und die beste Serviertemperatur. Während er redet, prosten sich die Besucher zu und kommen langsam in Weinlaune. Die »Waldencrew« deckt inzwischen die Spargelsuppe auf, die in kleinen Täßchen gereicht wird. Das, was in der Ankündigung als »Mini-Menue« deklariert ist, sind tatsächlich Kinder-Portionen. Der Preis für die Weinproben – auch hier eher ›wönzige Schlöckchen‹ – und das Drei-Gänge-Essen liegt, dem Geldbeutel der Besucher angepaßt, allerdings nur bei fünfundzwanzig Mark.

Zum Löffelgeklapper der Suppe gibt Dierichs seine erste Episode aus Hermann-Harry Schmitz' »Grotesken« zum besten, die den vielversprechenden Titel »Herbsttage am Rhein« trägt. Der Schriftsteller wird von Dierichs als »eleganter Außenseiter und Dandyschriftsteller der Jahrhundertwende« eingeführt. Der Inhalt der Geschichte ist allerdings eher dazu angetan, daß sich einem schon beim ersten Gang der Magen hebt, denn es geht um eine Schankwirtin, die ein verfaultes Gebiß hat. Die Gäste, die von ihrem »göttlichen Wein« zu trinken verlangen, müssen ihr zuerst in den Mund schauen und ihre Schwellungen, Fisteln und Eiterbeutel begutachten. Als die Wirtin sich doch eines Tages entschließt, einen Zahnarzt aufzusuchen, entdeckt der weinsüchtige Ich-Erzähler bei der abendlichen Mund-Beschau in diesem Krater des Grauens keinen einzigen Zahn mehr, aber einen abgebrochenen Bohrer im Kiefer. An manchen Tischen wird gekichert, andere Mienen sind eher versteinert. Ein Tischnachbar raunt, daß ihm etwas Unappetitlicheres selten zu Ohren gekommen sei.

Der zweite Gang versöhnt zunächst mit der literarischen Kostprobe. Es gibt Kartoffelgugelhupf mit Lauchgemüse und eine schmale Scheibe Pfälzer Sauerbraten, dazu passend einen '97er trockenen Riesling »Cabinet von Buhl«, einen sogenannten Jungfernwein, der, so beschreibt es Dierichs, aus unreifen Trauben gepreßt wird und nach grünem Holz riecht. Seine Winzer-Einschätzung lautet: elegante Säure, prickelnde Frische, angenehme Rest-Süße. Leider greift er, nachdem die Gäste nur wenige Bissen vom Gugelhupf probiert haben, wieder nach seinem Buch, um zur zweiten Schmitz-Geschichte mit der Überschrift »Der Mann mit dem verschluckten Auge« anzuheben, in der ein Mann sein Auge verspeist, weil er sich einmal von innen betrachten will. Im Darm begegnet das Auge einem Bandwurm, der sich ausführlich nach der Welt dort draußen erkundigt. Am Tisch fragt man sich inzwischen, ob Dierichs seine Gäste wohl einem sadistischen Test unterziehe, frei nach dem Motto, wieviel Abscheu der Mensch beim Mahl vertrage.

Die letzten Stücke vom Gugelhupf sind manchen fast im Halse steckengeblieben. Jetzt heißt es schnell nachspülen: ein Hefebrand mit »fruchtigem Hefearoma«. »Sie können es auch sagen, wenn Sie andere Aromen finden!« versucht Dierichs seine Besucher wieder aufzuheitern. Zum Nachtisch, einem klitzekleinen Wein-Apfel mit Vanillesoße, gibt es zum Glück keine dritte Geschichte. Nachdem Dierichs noch über Eis- und Millennium-Weine philosophiert hat, schenkt er zum Abschluß eine Riesling-»Trockenbeere Auslese« ein. Er schwärmt von gepiedelten Trauben, Bernsteinfarben, Fuselölen und verhaltener Säure und ist ganz in seinem Element.

Auf Wunsch einzelner Gäste wird es bei der nächsten »Wein-Lesung« um Rosé- und bei der übernächsten um spanische Weine gehen. Dreiviertel der Besucher von der letzten Verkostung toskanischer Weine seien auch diesmal wiedergekommen, sagt der Gastgeber mit Genugtuung. Allerdings hatte Dierichs damals aus seinem in der Entstehung begriffenen Manuskript »Mit dem Traktor durch die Toskana« gelesen. Ein »Tagesspiegel«-Journalist hatte über diesen Abend geschrieben: »Und die Prosa? Rollt sehr leicht über den Gaumen, mit starken Heiterkeits-Aromen, im Abgang ganz wenig Moralinsäure«, was man von diesem Abend nicht gerade behaupten kann. Zur Textauswahl befragt, entgegnet Dierichs unschuldig, daß sein Großvater, der einst der Direktor der Schöneweider Schauspielschule gewesen ist, die Schmitz-Grotesken immer an den Weihnachtsabenden zum Vergnügen der Familie vorgetragen habe.

H. D. Thoreau schreibt am Ende seines Buches, daß sein zweijähriges »Walden«-Experiment ein geschäftlicher Mißerfolg gewesen wäre. Er habe insgesamt 62 Dollar unter anderem für Hüttenbretter, Dachschindeln und Glasfenster ausgegeben und nur 37 Dollar für Zimmermannsarbeit und Landvermessungen eingenommen. Im Gegensatz dazu bleibt den Berliner Walden-Wirten zu wünschen, daß ihre Rechnung irgendwann aufgeht, und daß sie – ob mit oder ohne Salon – am Berg und im Schatten von »Schönhausen« ihren Platz behaupten.

Der »Ost-westliche Diwan«
in Pankow und Steglitz

Am Klingelschild des Hauses in Steglitz steht kein Name. Birgit Lucas empfängt mich an der Tür in einem eleganten schwarzen Kleid mit hellbraunem Seidenschal um den Hals. Im großzügigen Wohnzimmer wartet ein mit echtem Familiensilber gedeckter Kaffeetisch, auf dem eine Kerze steht. Der Blick von der Biedermeier-Couchgarnitur geht hinaus in den Garten. Dort hat Birgit Lucas unter der ausladenden Buche im letzten Jahr die Jubiläen zweier Salon-Stammgäste ausgerichtet: den fünfundsiebzigsten Geburtstag des Schriftstellers und Salonièrs Nicolaus Sombart und den neunzigsten Geburtstag der Keramikerin Hedwig Bollhagen.

In dem Haus, im Villenviertel am »Botanischen Garten«, das der Familie Lucas 1991 von der Bundesregierung zugewiesen worden war, haben seither an die zwanzig Salons stattgefunden. In Abwandlung von Goethes Lyriksammlung »West-östlicher Divan« nennen einige Freunde und Gäste ihren Salon, dessen Ursprung in Ostberlin liegt, den »Ost-westlichen Diwan«. Seine bewegteste Epoche hatte er in der Vorwende- und Wendezeit.

Anfang der achtziger Jahre lebte Birgit Lucas mit ihrer Familie noch in Bonn, wo ihr Ehemann als Ministerialrat im Bundeswirtschaftsministerium arbeitete. Da er durch Dienstreisen zu UNO- und KSZE-Konferenzen mitunter wochenlang unterwegs war, bat er, als er fünfzig wurde, um eine Aufgabe, die mehr Seßhaftigkeit versprach. Diese fand er als Leiter des Wirtschaftsressorts in der »Ständigen Vertretung der BRD« in Ostberlin. Nach seinem beruflichen Wechsel bezog die Familie ein Haus in dem östlichen Stadtbezirk Pankow, der von Intellektuellen, Künstlern und Regierungsmitgliedern bevorzugt wurde. Ganz in der Nähe der Lucas' wohnten der Schriftsteller Stefan Hermlin, der Karikaturist Herbert Sandberg, der Schauspieler Manfred Krug, schräg gegenüber die Witwe von Hanns Eisler. Ihr Nachbar war ein hoher Stasi-Offizier. »Hier«, sagt Birgit Lucas, »sind mein Sohn und meine Tochter auch in den ersten Jahren zur Schule gegangen. Das war das erste Mal, daß Westdeutsche ihre Kinder in der DDR zur Schule schickten, und die Regierung fühlte sich sehr gebauchpinselt.« Zum Arzt und zum Einkaufen fuhr Birgit Lucas dann aber doch lieber nach Westberlin »manchmal bis zu achtmal am Tag durch die Mauer«, im roten Mercedes, der durch das Diplomaten-Kennzeichen vor Grenzkontrollen geschützt war.

Ost und West zusammenzubringen, sei die Hauptmotivation für die Leseabende gewesen, die sie ab 1986 an Samstagabenden mit bis zu dreißig Gästen in ihrem Haus in der Pankower Pfeilstraße veranstaltete. Die Literaturlesungen sollten einen privaten Raum schaffen, in dem sich möglichst viele deutsch-deutsche Kontakte bilden konnten. Für die studierte Germanistin und Kunsthistorikerin waren sie außerdem eine willkommene Gelegenheit, die häusliche Sphäre aufzubrechen und ihr Scherflein zum Ost-West-Dialog beizutragen.

Die von ihr geladenen Gäste sollten jeweils zur Hälfte aus Ost und West stammen. Die Westdeutschen waren Kollegen ihres Mannes, Bekannte und Freunde »aus dem gesellschaftlichen Leben Westberlins«, die sich für den Osten interessierten. Die ostdeutschen Besucher rekrutierten sich größtenteils aus Künstlerkreisen, wie der Leipziger Maler Hartwig Ebersbach, die Keramikerin Hedwig Bollhagen, der Chefbühnenbildner der Berliner Staatsoper Wernfried Werz oder die Bildhauerin Christa Sammler. Es kamen auch Buchhändler, Pastoren, Galeristen, Musiker und Ärzte; Diplomaten aus der Pankower Nachbarschaft, Eltern von Mitschülern und der Geigenlehrer ihrer Kinder.

Es gehörte damals Mut dazu, erzählt Birgit Lucas auf der Biedermeiercouch, in ein Privathaus von westdeutschen Regierungsangehörigen zu einer Lesung zu gehen. Gastgeber und Gäste wußten, daß das Haus mit Wanzen abgehört wurde, weshalb kontroverse politische Diskussionen im Salon eigentlich nicht stattfinden konnten. Wer etwas Wichtiges zu bereden hatte, ging in den Garten hinter die Hecke. An den Salonabenden standen deutlich sichtbar Polizeiautos vor der Tür, die die Autonummern der Gäste notierten. Wer ohne Auto kam, dem konnte es passieren, daß er nach der Verabschiedung an der nächsten Ecke nach dem Ausweis gefragt wurde. Höhere Chargen aus der DDR-Wirtschaft, mit denen Lucas' Mann zu tun hatte, wie der Direktor der »Meißner Porzellan-Manufaktur« oder der Direktor von »Robotron«, wagten es nicht zu kommen. »Drei von ihnen haben sich mal an ein und demselben Abend mit einer Kur im Moorbad entschuldigt. Das war dann wohl an diesem Wochenende die von der Stasi ausgegebene Devise«, resümiert Birgit Lucas und schmunzelt. Wenn sie erzählt, daß sie sich nicht traute, die Einladungen auf dem Postweg zu verschicken, sondern statt dessen fernmündlich an Ostberliner Telefonzellen aussprach oder sie mit öffentlichen Verkehrsmitteln und »unauffällig angezogen« selbst vorbeibrachte, dann hat man eine Geheimagentin in gefährlicher Mission vor Augen. »Wir haben immer gesagt, wenn wir feststellen, daß Leuten Nachteile entstehen, weil sie mit uns verkehren, nehmen wir die Kinder sofort aus der Schule, und es kommt in die großen deutschen Tageszeitungen!« Bei Sätzen wie diesen pocht sie nachdrücklich auf den braunpolierten Tisch. Als weiterer Beweis dafür, wie schwierig die Bedingungen für einen Salon zu DDR-Zeiten war, holt Birgit Lucas mit ihren gepflegten Händen das in Leder gebundene Gästebuch mit Goldrand hervor, das in der obersten Schublade der Biedermeier-Kommode seinen Ehrenplatz hat. Die ersten Abende sind noch verklausuliert eingetragen: »Herr S. aus Sachsen ist hiergewesen.« Auch die Besucher haben sich nur vorsichtig verewigt: »Herzlichen Dank für einen wundervollen gesamt-deutschen Abend« oder »Gemeinsames und Trennendes von Ost und West verband uns viele Stunden«.

Wie in den meisten Salons war und ist auch bei Birgit Lucas der Ablauf des Abends ritualisiert. Nach einem Begrüßungstrunk folgt die Lesung, danach eröffnet die Salonière mit einer Frage an die Autorin oder den Autor das Gespräch. Um neben dem geistigen auch für das leibliche Wohl zu sorgen, gibt es nach der Diskussion ein üppiges Büffet. Für ihren Pankower Salon kaufte Birgit Lucas in Westberlin vor allem die Dinge ein, die es im Osten nicht gab. Besonders beliebt waren die französische Käseplatte, Krabben und Hummer, im Winter frisches Obst und westdeutscher Wein vom Rhein und der Mosel. Auch die Gäste kamen nicht mit leeren Händen. Zur Tradition von Hedwig Bollhagen gehört es noch heute, der Gastgeberin eine von ihr gestaltete Vase aus der legendären »H.B.«-Keramikkollektion mit einem Strauß frischer Gartenblumen mitzubringen. Neben dem direkten Kontakt zu den Intellektuellen von der anderen Seite waren die in Lucas' Wohnzimmer zur Ansicht ausliegenden West-Zeitschriften und -Bücher für die ostdeutschen Besucher von besonderem Interesse.

Auch am Sonnabend unmittelbar nach Maueröffnung fand der »Ost-westliche Diwan« statt. Die Eintragungen der Salongeselligkeiten, die sich in der Vorwendezeit auf wöchentliche Treffen intensiviert hatten, waren nun offenherziger. Am 12. November 1989 steht daher unverblümt im Gästebuch: »Nicolaus Sombart liest aus seinem Buch ›Nachdenken über Deutschland‹«. Dieser Abend bereitete der distinguierten Salonière allerdings einiges Kopfzerbrechen, denn sie befürchtete, daß sie bei ihrem Einkauf für das Salon-Büffet – angesichts der plötzlich in den Westen drängenden kaufwütigen Ostdeutschen – »überhaupt nichts mehr an Essen zusammenbekommen würde«. Wenn sie von ihren Vorräten im Keller spricht, auf die sie notfalls hätte zurückgreifen können, und davon, daß sie »irgendwo in abgelegenen (West)Berliner Ecken« dann doch noch etwas bekommen hat, könnte man meinen, im Lebensmittelangebot der DDR-Hauptstadt hätte es überhaupt nichts Eßbares gegeben. Erschwerend kam für sie der kilometerlange Stau an den Berliner Grenzübergängen hinzu – die Diplomatenspur war inzwischen aufgehoben worden –, und damit verbunden die Gefahr, daß sie von ihrem Einkauf nicht rechtzeitig zurück sein würde. Zum Glück klappte alles, und »der eine Vopo«, der sie am Grenzübergang »immer am meisten getrietzt hatte«, schüttelte ihr freundlich die Hand und fragte: »Können Sie mir sagen, wie ich zum Bundesgrenzschutz komme?« Erregt von der Erinnerung, streicht sich Birgit Lucas das dunkelblonde Haar aus der hohen Stirn. Daß sie ihre »netten jungen Kellner aus Ostberlin«, die ihr immer im Salon beim Bedienen halfen, an diesem Wochenende, an dem alle anderen neugierig den Westen erkundeten, im Stich lassen könnten, daran zweifelte die Salonière keine Sekunde. »Die waren natürlich völlig pünktlich da, und wir haben uns zuerst in die Küche gesetzt, und sie haben ihre Erlebnisse erzählt.« Sombart las dann wie geplant aus seinem Buch, doch das von ihm Vorgetragene wurde von der aufgewühlten Salongesellschaft sofort auf die Gegenwart übertragen und bis tief in die Nacht hinein diskutiert.

Blättert man weiter im Gästebuch, dann lesen sich die Autoren, die in Lucas' Salon ihre Bücher vorstellten, wie ein kleines »Who's who« der DDR-Literatur: Daniela Dahn, Renate Feyl, Heinz Knobloch, Helga Königsdorf, Helga Schütz, Jochen Laabs und die Lyrikerin Elke Erb. Christoph Hein, den Lucas »ausgesprochen sympathisch« findet, hat ihr erst kürzlich bedauernd in einem Brief geschrieben, daß es ihnen wie den beiden Königskindern ginge, die nicht zusammenkommen könnten. Seine Lesung bei ihr mußte wegen Reisen und Krankheit immer wieder verschoben werden. Christa Wolf dagegen, die ebenfalls in Pankow quasi um die Ecke wohnte, wurde von der Salonière nicht eingeladen. Die Schriftstellerin, deren Werke heute als Weltliteratur gelten, sei ihr zu »schwerblütig« gewesen und habe sich »zu extravagant als Repräsentantin der DDR-Literatur« in den Vordergrund gedrängt.

Danach befragt, was für sie das Faszinierende am Gastgeben sei, verweist die Salonière auf ihre großbürgerliche Herkunft. Birgit Lucas ist eine geborene ›von Wistinghausen‹, die Familie besitzt ein Renaissance-Schlößchen in Süddeutschland. Die in Den Haag geborene Gastgeberin erzählt, daß sie ihre Jugend in Frankreich verbrachte, wo ihr Vater in den sechziger Jahren an der deutschen Botschaft in Paris arbeitete. Dort sei Französisch zu ihrer zweiten Muttersprache geworden. Die Häuser der Familie sollen von großen Gesellschaften gelebt haben, weshalb diese für Lucas noch heute zum guten Ton gehören. Wenn sie den Untergang »der jüdischen Hochfinanz, der preußischen Aristokratie und des deutschen Großbürgertums« in Berlin beklagt, fühlt man sich in die Zeit des alten Adels zurückversetzt. »Ein so großes Land wie Deutschland braucht wieder führende Eliten – und das meine ich nicht pejorativ«, betont sie und verweist in diesem Zusammenhang auf Virchow, Sauerbruch und Einstein.

Seit drei Jahren hat sie den Vorsitz der »Deutschen Gesellschaft e.V.« inne. Und eigentlich, sagt sie, führe sie damit nur konsequent ihre Salon-Idee weiter, »den langwierigen Prozeß des Zusammenwachsens in Deutschland zu begleiten und Mauern in den Köpfen der Menschen abzubauen«. Der Verein, der sich vor allem in den neuen Bundesländern engagiert, hat sich die politische Bildung, den europäischen Einigungsprozeß und die Denkmalpflege auf seine Fahnen geschrieben. Vor dem Hintergrund dieses Engagements mutet es merkwürdig an, daß sie Berlin noch immer kategorisch in hüben und drüben teilt, als würde es die Mauer noch geben.

Als Salon-Höhepunkte vor der Wende bezeichnet Lucas die Vortragsabende des Schauspielers Günter Schooß, der Gedichte von Peter Hacks deklamierte oder aus »Molkenmarkt und Spittelmarkt« Geschichten über das alte Berlin las, weil der ausgereiste Autor Holmar Attila Mück nicht mehr in die Hauptstadt kommen durfte. Eingeprägt haben sich ihr auch die aufgeführten Stücke des

offiziell verfemten erzgebirgischen Puppenspielers Gott-
fried Reinhard sowie seine auf DDR-Verhältnisse zuge-
schnittene »Faust«-Persiflage. Die Lesung des Ostberliner
Bismarck-Spezialisten Engelbert ist ihr ebenso in leuch-
tender Erinnerung. Der erklärte Kommunist und Professor an der Humboldt-Universität habe eine beachtliche
Biographie über den Reichskanzler geschrieben, ganz
ohne sozialistischen Blickwinkel. Ein Stammgast erzählt,
daß die politische Gesinnung der Westberliner Salonbesucher eher liberal bis deutsch-national gewesen sei und
weniger links-alternativ oder sozialdemokratisch. Die Atmosphäre der Abende charakterisiert er als »typisch ost-
deutsch: warm, intensiv und unprätentiös«, nur der Dandy Nicolaus Sombart sei ein bißchen aus diesem Rahmen
gefallen.

Seit der Wende ist es sehr viel ruhiger geworden um
den »Ost-westlichen Diwan«, der inzwischen nur noch
unregelmäßig alle paar Monate im Haus am »Botanischen
Garten« stattfindet. Birgit Lucas klagt über ihren »Full-
time-Job« als Vereinsvorsitzende, und auch ihre ostdeutschen Autoren leiden unter Streß und Freizeitmangel,
denn Zeit ist in der neuen Republik für Gastgeberin, Autoren und Gäste zu einem seltenen Luxusartikel geworden.

»Zehn Jahre Berlin« lautete 1995 das Motto eines Salons,
als die Familie Lucas eine Dekade in der Stadt war. Das
Büffet dieses Abends war aus Gerichten der vier Land-
schaften, aus denen die Vorfahren der Lucas' stammen,
zusammengestellt. Weil die Mutter der Salonière Würt-
tembergerin ist und ihr Vater aus dem Baltikum kommt,
gab es schwäbische Spätzle und Maultaschen, estnischen
Wodka und Fisch. Die estnische Schriftstellerin Vivii Luik
hat im Steglitzer Salon aus ihrem Buch »Der 7. Friedens-
frühling« gelesen, Renate Feyl hat ihren neuen Roman
»Ausharren im Paradies« vorgestellt, der vor der Wende
nicht erscheinen durfte. Zuletzt war der ehemals DDR-
dissidentische Lutz Rathenow zu Gast und hat fünfhundert Mark für seine Lesung verlangt. Hertha Müller und

Thomas Brussig stehen, neben Christoph Hein natürlich, noch auf der Wunschliste der Salonière.

Birgit Lucas hat ihre besondere Stellung genutzt, um in ihrem literarischen Salon lange vor der Maueröffnung die Utopie einer gemischten Ost-West-Geselligkeit zu schaffen. Sie hat im privaten Rahmen einen grenzüberschreitenden Austausch ermöglicht, hat Gespräche initiiert und Kontakte geknüpft. Umgekehrt hat sie sich selbst durch ihren Salon in einen bestimmten Ausschnitt der Ostberliner Gesellschaft eingebracht; hat Gäste und Freunde in ihrem Engagement für Bürgerinitiativen unterstützt und für Pastoren Kopiergeräte eingeschleust. Vielleicht hat sie durch ihr Engagement die Mauer in den Köpfen in dieser Hinsicht etwas abtragen können. Die Grenze in ihrem eigenen Kopf ist noch gegenwärtig, und manchmal scheint Birgit Lucas der Zeit, in der sie als eine mit allen Privilegien ausgestattete Westdeutsche der Ostberliner Gesellschaft ihren Glanz lieh, fast ein wenig nachzutrauern.

»Rubired Velvet – Tindys Literarischer Salon« in der Schokofabrik in Kreuzberg

»Old fashioned«, sagt Tindy Alvarado, die vor fünf Jahren von Boston nach Berlin gekommen ist, mag sie es am liebsten. Bei sich zu Hause kocht sie den Tee in einem blauen Emaille-Topf. Während das Wasser brodelt, steht die junge Amerikanerin in ihrer gelb und orange gestrichenen Friedrichshainer Wohnküche und singt in lautem Spanisch einen Salsa-Schlager mit. Ihre Eltern sind einst aus Puerto Rico in die USA emigriert. Schon als Kind, erzählt die dunkelhäutige Tindy, habe sie gern getanzt, gesungen und mit allen möglichen Gegenständen Musik gemacht, die sie in der Küche fand. Sie habe zum Beispiel zwei Topfdeckel genommen, sie gegeneinander geschlagen und singend das Geräusch nachgeahmt: »tin-dy, tin-dy, tin-dy«. So ist der Kosename entstanden, den ihr der Vater gab. In Wirklichkeit heißt sie Violetta. Violetta Alvarado. Ihr Freund, ein junger Grafikdesigner, den sie, um dem Streß der Visa-Verlängerungen zu entgehen, vor kurzem geheiratet hat, mag es nicht, wenn ihre Bekannten sie einfach nur Tindy nennen. »Violettas Literarischer Salon« das hätte dann doch zu bürgerlich geklungen, hält sie dagegen und lacht ihr lautes Tindy-Lachen. Dabei hat es schon im Berlin der zwanziger Jahre den »Damenklub Violetta« gegeben, der sich mit Lila-Ballnächten, Matrosenfesten und Windbeutel-Wettessen hervortat. Alvarado möchte im besten Fall, daß in ihrem Salon eine Atmosphäre entsteht, die an diese Damenklubs erinnert, die sich »Café Olala« oder »Taverne. Die Diele der Damen« nannten, und in denen die Besucherinnen aus dem Grau des Alltags in eine märchenhafte Welt mit gedämpftem Licht und stimmungsvoller Musik kamen. In den »Rubired Velvet« werden deshalb neben Autorinnen auch Klavierspielerinnen und Chanteusen eingeladen.

Zum literarischen Salon im Kreuzberger Schokocafé, in dem Tindy auch an anderen Abenden jobbt, ist alles auf einen Farbton abgestimmt. Rubinrot ist der Samtbehang, mit dem die kleine Lesebühne ausstaffiert ist, und rubinrot sind auch die Samtdecken auf den Tischen. Rotes Licht durchflutet den Raum, und rot schimmert die Grenadine in den von der Salonière kreierten Getränken. Als die junge Amerikanerin den »Rubired Velvet« im Herbst '97 von den Schokocafé-Betreiberinnen übernahm, entwickelte sie eine Cocktailkarte, die wie ein kostbares Bild in kleine Rahmen gesteckt auf den Samttischdecken ausliegt. Passend zu dem einmal im Monat stattfindenden *Women-only*-Salon tragen die Getränke Namen bekannter Schriftstellerinnen. Für den Agatha-Christie-Cocktail hat sie die Zusammensetzung der »Bloody Mary« übernommen (Tomatensaft, Wodka, Gewürze), den zuckersüßen Shirley-Temple-Cocktail hat sie in den Alice-Schwarzer-Drink (Limonade, Grenadine, Sahne) verwandelt. Der

Drink, der der berühmtesten Dichterin der Antike, Sappho von Lesbos, gewidmet ist, besteht aus Martini Bianco oder Rosso, und aus dem üblichen Ernest-Hemingway-ist ein Gertrude-Stein-Cocktail (Gin, Zitronensaft, Grenadine) geworden. Denn schließlich, so Alvarado, habe die Wahl-Pariserin Stein den jungen amerikanischen Landsmann gefördert und regelmäßig in ihren exklusiven Salon in die Rue de Fleurus eingeladen.

Um frischen Wind in das nur mäßig frequentierte Schokocafé zu bringen, das sich in der von autonomen Feministinnen in den siebziger Jahren besetzten Schokofabrik befindet, kam den Betreiberinnen die Idee zum literarischen Frauen-Salon. Daß er nur für Schriftstellerinnen und Besucherinnen seine Pforten öffnet, ist für sie selbstverständlich, da ihrer Meinung nach die Rezeptionsbedingungen für Literatur von Autorinnen wesentlich schlechter sind als für ihre männlichen Kollegen.

Die Cocktailkarte und die Ausstattung sind allerdings das Originellste an Tindys Salon. Hinter der Theke des Schokocafés wirkt die kleine kräftige Frau mit dem blond gefärbten Haar plötzlich wie verwandelt. Kein Tindy-Lachen mehr und auch kein Salsa-Geträller. Statt dessen faucht sie die Gäste an: »Today is a very slow day like Ramadan-day – so no Deutsch!« und wirkt überfordert, wenn mehr als zwei Gäste ihre Getränke bestellen.

Heute liest die Autorin Babette Herchenröder aus Tagebuch-Skizzen ihrer Grönlandreise, die sie zu ihrem fünfzigsten Geburtstag allein unternommen hat. Doch vorher muß sie sich ihre Requisiten selbst zusammensuchen. Ein glitzerndes Tuch um die Stirn, in ärmelloser weißer Bluse und blauen Levi's irrt sie auf der Suche nach einem Sitzkissen durch den Raum. Ihre Bitte an Tindy, statt der lauten ägyptischen Musik eine CD mit Eskimo-Gesängen einzulegen, wird überhört. Trotzig ziehen sich nun auch die Salonbesucherinnen, die wegen der Autorin gekommen sind, von der Theke zurück und wollen keinen Cocktail mehr. Gerade bei Mitarbeiterinnen von Frauen-Projekten scheint oft die Ansicht zu herrschen, daß

Freundlichkeit lange genug zum weiblichen Rollenverhalten gehört habe und man deshalb lieber eine abweisende Coolness an den Tag legen sollte. Vielleicht erklärt sich so auch Tindys ungehaltener Ton, der nicht gerade für Salon-Stimmung sorgt.

Zur Eröffnung des Abends klatscht sie kurz in die Hände, doch Babette Herchenröder begrüßt sie nur beiläufig. Aufgebracht weist sie die Gäste zurecht: »I'm not your mother! I'm not your priest!« Die Angesprochenen an den Cafétischen zucken zusammen und schütteln verständnislos die Köpfe. Daß es Herchenröder, die neben der aufgebauten Leinwand etwas unglücklich auf ihrem Kissen hockt, dann doch noch gelingt, die Besucherinnen in das geheimnisvolle Licht des Nordens zu entführen, das vom Dia leuchtet, grenzt an ein Wunder. Die Fotos zeigen weite Fjorde und bizarre Eisberge, herumstreunende Huskys, unwirtliche Plattenbauten und einen toten Seehund, der sich an einer Klippe das Genick gebrochen hat. Herchenröder redet wenig und will zunächst die großflächig projizierten Dias wirken lassen. Trotz der ambivalenten Motive packt einen plötzlich das Fernweh, im Hintergrund läuft nun eine CD der Autorin mit Meeresrauschen. Das letzte Bild zeigt die Reisende lachend mit einer jungen Eskimo-Frau in Jeans und T-Shirt. Die Liebesaffäre, die sie mit dieser Frau erlebt hat, soll mit einer Lesung der Höhepunkt des Abends werden. Als es nach irritierenden Begegnungen zwischen den beiden Fremden schließlich romantisch zu werden verspricht, ordnet Tindy plötzlich eine Pause an. Die Stimmung, die sich gerade aufbauen wollte, zerplatzt wie eine Seifenblase.

Dabei ist der Salon mit zwanzig Gästen heute überraschend gut gefüllt. Die Besucherinnen kommen aus der Berliner Frauen- und Lesbenszene, für die die Schokofabrik mit ihrem Café immer noch ein traditioneller Anlaufpunkt ist, obwohl er über die Jahre an Attraktivität eingebüßt hat. Oft ist nur eine Handvoll Interessentinnen zu den Lesungen da, manchmal auch gar keine. Und mehr als einmal hat es deswegen schon Zoff gegeben. Die Autorinnen, die enttäuscht vor leeren Stühlen saßen, wurden von Tindy vorwurfsvoll gefragt, ob sie nicht daran gedacht hätten, ein paar Freundinnen mitzubringen. Schließlich hängt das Honorar der Schriftstellerin von der Größe des Publikums ab, denn das Eintrittsgeld zwischen fünf und zehn Mark wird als Erlös an sie ausgezahlt.

Im vergangenen Jahr gab es noch einige gut besuchte Salons, die unregelmäßig an den Wochenenden stattfinden, zum Beispiel als die in Sydney lebende Helen Hodgman ihr Buch »Midlife, Harleys & Tattoos« über die australische Lesbenszene vorstellte, oder als die Afrodeutsche Ika Hügel-Marshall aus ihrer Autobiographie »Daheim unterwegs – Ein deutsches Leben« las. Vor rubinrotem Samt stellte auch die Wienerin Petra Ganglbauer ihre neuen Texte vor, die Kritik am Voyeurismus der Medien üben. Ihr Buch handelt von Pumps, die sich in Waffen verwandeln, und Dessous, die zu Folterwerkzeugen werden. Zusammen mit den Bildern, die eine Fotokünstlerin dazu passend auf die Leinwand projizierte, gaben sie genügend Gesprächsstoff für den Salon her. Allerdings liegt es eher an den Autorinnen als an der Salonière, wie der Salonabend verläuft. Von seiten der Café-Betreiberinnen oder von Tindy gibt es wenig Unterstützung. Wahrscheinlich sieht sie sich selbst zu sehr als Künstlerin, um als Salonière wirksam in Erscheinung zu treten, denn sie arbeitet gerade an einem Buch und an einem Video über verschiedene Emigrations-Schicksale.

Aufgeräumt erzählt sie in ihrer Friedrichshainer Küche, daß ihr im Salon an der Präsentation von unbekannteren, auch englischsprachigen oder weitgereisten Schriftstellerinnen aus kleineren Verlagen läge, vor allem Frauen-Verlagen, und an der Vorstellung selbstverlegter Texte, die einfach mal so »quick, schnell und schlampig« entstanden sein können, »wie MacDonald's-Literatur«. Sie verstünde den »Rubired Velvet« als offenes Podium, auf dem nach Terminabsprache jede, die möchte, ihre Texte vorstellen kann: »Whether I like it or not, whether it's political, whether it's humour, sex, lesbian sex, hetero sex, it doesn't matter.« Nur leider hat sich inzwischen herumgesprochen, daß man im »Rubired Velvet« nicht besonders gut aufgehoben ist. Man fragt sich, ob Tindy weiß, daß im Salon nicht die Salonière mit ihren Befindlichkeiten, sondern die Gäste im Mittelpunkt stehen. Allein auf einer Bühne, wie in ihrer Wohnküche, fühlt sie sich anscheinend am wohlsten. Das mag der Grund dafür sein, warum es inzwischen nicht nur an Besucherinnen, sondern auch an Autorinnen für Tindys kratzbürstigen Samt-Salon mangelt.

Von denen, die trotzdem noch ihre Texte vor dem rubinroten Bühnen-Vorhang vortragen, hat eine Autorin die nicht leicht zu beeindruckende Tindy dann doch einmal begeistert. Die Frauen-Szene-Prominente Ahima Beerlage stellte ihren ersten Roman »Sterne im Bauch« über eine lesbische Pubertät in der Provinz vor, eine Geschichte, die Tindy auch nach dem Salon noch beschäftigt hat. Momentan grübelt sie deshalb über die Zusammensetzung eines Ahima-Beerlage-Cocktails nach. Vielleicht Sekt auf Eis mit Orangensaft. Einziges Problem: Die Autorin trinkt keinen Alkohol.

Für Gesprächige Gourmets

Gourmets

Der kulinarische Salon

»Alains Salon« in Charlottenburg

Der Franzose Alain Jadot, der als seine Berufe »Hypersetzer, Bücherbauer und Kommunikator« angibt, taucht im wehenden Mantel und mit geschultertem Rucksack überall dort auf, wo man ihn eigentlich nicht erwartet, und ist immer wieder für eine Überraschung gut. Nachdem Christo und Jeanne-Claude 1995 den Berliner Reichstag verpackt hatten, sah man Jadot auf einer Buchmesse an seinem Verlagsstand mit Brille und Bauarbeiterhelm als Christo verkleidet. Mit »Christophon« und »Wraped«-Musik machte er auf seinen »Galrev«-Verlag aufmerksam, in dem er pro Jahr etwa zwei Bücher in den Sparten Humor und Lyrik verlegt. Weil sich die anderen Verlage von seiner lautstarken Dauer-Performance belästigt fühlten, bekommt er seinen Standplatz seitdem nur noch hinten bei den Landkarten-Verlagen, gleich neben den Toiletten.

Im letzten Jahr ließ er sich bei der Wahl für den neuen Berliner Vorsitzenden des Verbandes deutscher Schriftsteller in der IG-Medien überraschend als Kandidat aufstellen, obwohl ihn dort eigentlich niemand kannte. Während der alte Vorsitzende über seine Arbeit Rechenschaft ablegte, hatte Jadot Aufmerksamkeit heischend sein Notizbuch in Form einer Zigarettenschachtel mit dem Aufdruck »Filteratur – Der Gesundheitsminister warnt: Lesen gefährdet die Gesundheit« vor sich aufgestellt. Darüber hinaus ist von seiner Selbstinszenierung bei der Vorstellung als Kandidat nicht viel mehr in Erinnerung geblieben, als daß er »zwei verschiedene Frauen liebt, eine davon in Deutschland und eine in Frankreich«. Immerhin reichten die für ihn abgegebenen Stimmen für einen Platz als Beisitzer im Vorstand, wo er sich um die »Exilstadt Berlin. Städte der Zuflucht. Bücher von Migranten und fremdsprachige Lesungen« kümmert. Im Frankreich-Zentrum der Technischen Universität hat er vor kurzem das »Café Littéraire« ins Leben gerufen, wohin er Autoren zu deutsch-französischen Lesungen einlädt.

Man mag die Auftritte des 1967 nach West-Berlin gekommenen Franzosen in der literarischen Öffentlichkeit unsympathisch finden oder eitel, extrovertiert oder gar übergeschnappt. Als Salonièr ist Jadot charmant und überzeugend. Als ich zu seinem Salon in Charlottenburg komme, hängt an der Hoftür des Hinterhauses ein Schild: »Hier geht es zu ›Alains Salon‹, bitte lassen Sie die Haustür bis 22.30 Uhr geöffnet.« Vor mir geht eine elegante Blondine, die ich später als Jeanette kennenlernen werde, mit einer Flasche Sekt in den Hausflur. Unter Jadots Namensschild steht der Hinweis: »Post für Galrev bitte hier abgeben« – der Salonièr öffnet schwungvoll die Tür. Er hat die grauen Haare, die er früher im Zöpfchen trug, ganz kurz geschnitten, sein schwarzes Outfit krönt eine flauschige Krawatte aus hellem Fell.

Die geräumige Altbauwohnung gleicht auf den ersten Blick einem kleinen Museum of Modern Art. Schon der Flur wird von Regalen gesäumt, auf denen ungewöhnliche Buch-Objekte stehen: das »Backwahn-Buch« aus Blätterteig zum Beispiel oder das aus rechteckigen Papptellern bestehende »Ketchup-Mayo-Senf-Buch«, in dem eine von Jadot verfaßte Liebesgeschichte steht, die sich in einer Imbißbude ereignet. Hier liegt auch sein »Filteratur«-Notizbuch aus, in dem die Monate nicht in ihrer Abfolge, sondern alphabetisch geordnet sind (an erster Stelle der April, an letzter der September), damit man sich besser zurechtfindet. »Bibliomania« nennt er seine Wanderausstellung ungewöhnlicher Buchobjekte, mit der er auch für seinen Verlag werben will. In Berlin ist sie bei der Buchladenkette »Kiepert« und in der Kreuzberger »Amerika-Gedenk-Bibliothek« gezeigt worden, und in Brüssel war sie auch schon.

Im Zimmer finden sich neben großformatigen Fotos, die Jadot vorteilhaft in jüngeren Jahren zeigen, filigrane Figuren aus Sektkorken, große Skulpturen aus Schokoladenpapier, abgerissene Schichten von einer Plakatwand im Umriß einer E-Gitarre und eine bemalte Gummipuppe, die einen Schrei imitiert. Jadots Wohnzimmer-Galerie ist eine wilde Mischung aus Alltags-Trash und Kunst-Anspruch.

In der Mitte dieses Zimmers steht ein weißer runder Plastiktisch, der von nun an das Zentrum des Salons bilden wird. Auf den acht aufgestellten Tischkarten stehen die Vornamen der Gäste dieses Abends. Über der Tafel verhüllt ein aufgespannter, nach unten hängender, roter Regenschirm die Glühlampe und dämpft das Licht. Bald füllt sich die Runde: Thilo sitzt neben Corinna, Corinna neben Peer, Peer neben Jeanette und Jeanette neben Jadot. Peer, im zerknautschten grauen Anzug, wird als einer der vertrauteren Salon-Gäste von Jadot kurzerhand zum Mundschenk erklärt und wirkt nicht gerade begeistert. Als sieben der acht Stühle besetzt sind, ruft Sigrun an, daß sie später kommt, weil ihr Computer gerade abgestürzt ist.

Jadot eröffnet die Vorstellungsrunde mit Peer und sagt: »Er ist sehr vielseitig, wie eine 7-saitige Gitarre« – über diesen Scherz freut er sich vor allem selber. Wir erfahren, daß Peer im Moment Schauspieler ist, davor war er Feinkostladen-Besitzer in Friedrichshain, davor Regisseur am Schiller-Theater und davor Restaurantbetreiber in Kreuzberg. Corinna ist Journalistin. Marianne ist Bildhauerin und Jadots Nachbarin. Auch bei Lucas fällt der Ausdruck von der »7-saitigen Gitarre«. Er war früher Zahntechniker in Schwerin und vermarktet heute Schweinelebern als Spender-Lebern für Patienten. »Hoffentlich gibt es heute abend keine Leber, Alain«, sagt Marianne, und das erste Mal wird zaghaft gelacht. Drei der Gäste sind neu im Salon. Bei Thilo wendet Jadot deshalb seine altbewährte »Nicht-Biografie« an: »Thilo ist Sternbild Fisch und arbeitet in einer Bank«, erfindet er vage. Wie erwartet widerspricht Thilo höflich: »Nein, ich bin Krebs und arbeite als Geologe.« Auch Jeanette in ihrem imitierten Tigerfell-Oberteil und dem kurzen Rock, die der Salonièr einen Tag zuvor auf einer Geburtstagsparty kennengelernt hat, ist zum ersten Mal hier, genau wie Sabine. Die beiden sollen sich gegenseitig vorstellen, obwohl sie sich

Kommunikator, Bücherbauer und Hypersetzer Alain Jadot

nicht kennen. Sabine sagt: »Jeanette ist sicher Architektin.« – »Nein«, entgegnet Jeanette stolz, »ich bin Hausfrau und Mutter.« Umgekehrt trifft Jeanette bei Sabine halbwegs ins Schwarze. Langsam beginnt man sich füreinander zu erwärmen, freundliche Blicke werden über den Tisch geworfen.

Daß die Gäste sich wegen ihrer Namen auf den Tischkarten erwartet fühlen, daß sie sich gegenseitig nicht kennen und es möglichst gleich viele Angehörige des weiblichen wie des männlichen Geschlechts sein sollen, gehört zu Jadots 7-Punkte-Salon-Philosophie. »Wenn es von einer Sorte zu viele sind, dann ist das nicht gut für die Stimmung.« Schwerer allerdings als interessante Frauen, sagt Jadot, findet er interessante Männer für seinen Salon.

Der Zweiundfünfzigjährige lebt als Single und liebt es zu kochen – aber nicht für sich allein. Damit er einmal in der Woche »etwas Richtiges« ißt, lädt er jeden Sonnabend Gäste zu einem Fünf-Gänge-Menü ein. Er bezeichnet sich selbst als »bürgerlichen Anarchisten«, der ein »formvollendetes Essen« zu schätzen weiß.

Die Sehnsucht nach den großen Tafelrunden in Frankreich und die Neugier auf unbekannte Menschen führten in der Euphorie der Wende 1989 zur Gründung seines Salons, in dem er zunächst Leute aus Ost und West zusammenbringen wollte. Schon in den achtziger Jahren hatte er einige Dichter der inoffiziellen Prenzlauer-Berg-Szene ins Französische übersetzt, wie Bert Papenfuß, Sascha Anderson, Durs Grünbein, Jan Faktor und Eberhard Häfner. Anderson und Papenfuß, sagt er, haben ihm aus Dank dafür seinen Verlags-Namen geklaut, als sie 1991, sieben Jahre nach ihm, ihren in Prenzlauer Berg gegründeten Verlag das »Druckhaus Galrev« nannten. Faktor, Häfner und auch der von Jadot nachgedichtete rumäniendeutsche Autor Oskar Pastior waren hingegen später Gäste in »Alains Salon«. Pastior hat dort auch einige seiner Texte gelesen, obwohl der Salonièr seine Besucher nicht mit allzuviel Kultur belästigen will: »Auch eine Lesung kann langweilig sein. Eher noch wird ein bißchen Musik gemacht, oder es gibt mal ein Thema wie Erotik.« In erster Linie sieht er seinen Salon als Theatervorstellung: »Ich bin der Koch und habe die Bühne vorbereitet. Die Gäste improvisieren ihre Rolle und führen auch Regie.« Für diese Bühne – den gedeckten Tisch – will er nicht länger als anderthalb Stunden in der Küche stehen und nicht mehr als fünf Mark pro Gast ausgeben. Aus Zeit- und finanziellen Gründen und »weil ich nicht wollte, daß sich die Ossis mit Krebsen oder Artischocken abmühen«, kocht er einfache Gerichte und hat etwa vierzehn Menüs als Standard-Gerichte auf der Pfanne. Er möchte auch nicht, daß ein Gespräch über das Essen den Abend dominiert und haßt deshalb Fragen nach der Zubereitung.

In den ersten Jahren seines Salons war Jadot noch experimentierfreudiger. Er lud viel mehr Leute ein und probierte das Konzept der »Gastrophonie«: einer Feinabstimmung von Musik und Menü. Er spielte zum Beispiel im Hintergrund eine Sinfonie – beim ersten Satz gab es die Suppe, beim fünften das Dessert – oder zu Spaghetti Vivaldi. Ein anderes Mal gab es ein Essen, das mal nur aus roten, mal nur aus schwarzen Speisen und Getränken bestand. »Leider«, sagt Jadot heute belustigt, »hat das mit der Musik und den Farben keiner gemerkt, wenn ich nicht darauf aufmerksam gemacht habe.« Inzwischen hat sich die ideale Besucherzahl bei acht eingependelt, und die Mahlzeiten sind weit weniger experimentell. Allerdings hält Jadot seinen Salon noch immer in verschiedenen Sprachen ab. Neben den am häufigsten stattfindenden Tafelrunden in Deutsch, lädt er auch zum französisch- oder englischsprachigen Salon ein.

Jadot begründet seine unerschöpfliche Lust, immer wieder neue Menschen kennenlernen zu wollen, damit, daß er früher fast ausschließlich mit Computern gearbeitet und darum einen großen Nachholbedarf an Bekanntschaften habe. Für ihn, der ursprünglich aus Paris stammt, sind Essen, Bücher und Menschen die Dinge, die ihm den größten Genuß bereiten. Dafür gibt er sein Geld, das er als Programmierer an der Technischen Universität verdient, viel lieber aus als für gängige Luxusartikel, wie ein Auto oder Aktien. »Seit zwölf Jahren mache ich das, was mir Spaß macht, und das ist im weitesten Sinne Poesie. Daran verdiene ich zwar meistens nichts, aber seitdem bin ich nie mehr krank gewesen.« Sein wöchentlicher Salon ist für die Gäste kostenlos, obwohl es sich niemand nehmen läßt, wenigstens eine Flasche Wein mitzubringen. Die sich aus dem Salon auch für Jadot selbst ergebenden nützlichen Kontakte führen dazu, daß er zur Teilnahme an Ausstellungen, Konzerten oder Buch-Projekten eingeladen wird. Inzwischen umfaßt sein Berliner Freundeskreis – nach eigenen Schätzungen des Saloniers – ungefähr sechshundert Leute. Da er nicht mehr genügend Zeit hat, seine Freunde einzeln zu treffen, ist der Salon die beste Gelegenheit, mehrere von ihnen gleichzeitig zu sehen.

Vor ein paar Jahren hat er seinen Salonkreis einmal rigoros ausgetauscht. »Leute sagten kurz vorher ab, weil sie wußten, es gibt in der nächsten Woche wieder einen Jour fixe.« Da war der Salonier ein gekränkter Narziß: »Man soll nicht kommen, wie man will, sondern, wenn man eingeladen wird.«

Der erste Gang des heutigen Abends ist eine kalte Gemüsesuppe mit kleinen Brokkoliröschen und sehr viel Knoblauch. Am Tisch geht es noch immer um die Schweine-Leber als Spender-Leber, Lucas will mit seinem Thema am Ball bleiben. Einer fragt in die Runde, ob jemand der Anwesenden einen Organ-Spender-Ausweis habe – alle schütteln den Kopf. Gleich zu Beginn des Essens ist man beim Thema Sterben angelangt. Es stellt sich heraus, daß Peer interessante Todesanzeigen sammelt und sie neulich bei einer Vernissage vorgetragen hat. Erst jetzt erkennt Marianne, die Bildhauerin, Peer von der Ausstellungseröffnung in der »Sophien-Galerie« wieder, wo sie künstlerisch gestaltete Grabsteine ausgestellt hat, und sagt überrascht: »Da haben Sie in Ihrem dunklen Anzug und der Krawatte aber viel älter ausgesehen!« Auch Jadot war an der Ausstellung »NEKRONOS« mit Fotos von Friedhöfen beteiligt und hat bei dieser Gelegenheit den Präsidenten des Interessenverbandes der Steinmetzen von der Idee überzeugt, von Künstlern gestaltete Grabsteine als Leasing-Steine im Internet anzubieten. Als er das am Tisch erzählt hat, sagt Marianne: »Du bist wirklich ein Filou!«

Nach dem ersten Gang kommt Sigrun als letzter Gast, sie wird als Schriftstellerin vorgestellt, hat schönes rotes Haar und ist auch um die fünfzig. »Dein Kurzhaarschnitt macht dich bedeutend jünger«, sagt sie zu Jadot und: »Das sind ja heute abend alles so schöne Menschen bei dir!« Jetzt kommt eine schwarze gußeiserne Pfanne mit Kartoffeln, Sauerkraut und Entenfleisch auf den Tisch. Sigrun hat, nachdem ihr Computer-Absturz mit viel Anteilnahme diskutiert wurde, ein neues Thema aufgebracht: Sie habe gerade in den Nachrichten gehört, daß nun auch Männer Kinder austragen könnten, indem man ihnen weibliche Hormone verabreicht und die befruchtete Eizelle im Bauchraum verpflanzt. Thilo fragt: »Haben wir heute den ersten April?« und Lucas, um sein Leber-Thema gebracht, lacht gereizt auf und sagt: »Da gibt es doch wirklich dringendere medizinische Probleme.« Corinna findet es wichtig, »daß das endlich mal erforscht wird«, und Jeanette fragt: »Hat eigentlich jemand von euch Kinder?«

Als Jadot den dritten Gang aufträgt – verschiedene Sorten Käse und frisch geröstetes Knoblauchbrot –, ist man bei dem Urlaubsthema Irland angelangt, und Sabine sagt, dorthin könne sie nicht mehr reisen, weil man seinen Hund nicht mitbringen darf. Nach diesem Statement gibt es Salat. Während Jadot in einer kleinen Schale das Dressing anrührt und liebevoll über die Blätter gießt, tätschelt ihm Marianne, die neben ihm sitzt und von Wein und Essen gerötete Wangen hat, anerkennend den Po: »Schön macht er das, der Alain!«

Der lehnt sich nun nach dem Dessert – für jeden eine Scheibe Ananas mit Schlagsahne – zurück und genießt den Abend nach der alten Gastgeber-Weisheit: »Nur, wenn du selbst Spaß hast, haben ihn deine Gäste auch.« In der Runde wird gelacht, gestritten – der schwangere Mann und die Schweine-Lebern sind inzwischen Dauerbrenner – und auch vorsichtig geflirtet. Immerhin kann Alain auf seinem »Salon-Konto« drei Hochzeiten verbuchen und »unzählige Affären« – es bleibt allerdings offen, ob er damit seine eigenen oder die der anderen Gäste meint. Eine gewisse Steifheit geht allerdings den ganzen Abend über nicht verloren. Anscheinend findet es jeder in der Runde anstrengend, immer wieder auf den jeweils unbekannten Tischnachbarn einzugehen und dabei, wie Jadot es nennt, auf der von ihm geschaffenen Bühne die eigene Rolle zu improvisieren oder neu zu erfinden.

Nachdem auch das Dessert verzehrt ist, bleiben alle brav am Tisch, obwohl das Zimmer viel Raum bietet. Von Marianne erfährt man nun, daß sie ein Häuschen in Carrara hat und dort mit dem berühmten Marmor arbeitet; Sigrun, die Schriftstellerin, war Burgschreiberin auf der Burg Beeskow; der Geologe untersucht den Berliner Baugrund für Baufirmen, und Corinna, die Journalistin, arbeitet gerade an einem Radio-Feature über französische Literatur-Cafés. Peer, der jetzt bedächtig eine dicke Zigarre schmaucht und seinem Amt als Mundschenk nur schleppend nachkommt, begründet seine wortkarge Erschöpfung mit dem Ende der Berliner Filmfestspiele.

Zum Abschied werden Visitenkarten und verlegene Küßchen auf erhitzte Wangen verteilt. Jadots Visitenkarte ist durchsichtig. Neben seiner Anschrift ist ein Foto, das ihn in Aktion mit wirrem Haar hinter einem Mikrofon zeigt. Hinter seinem Namen steht »galrev«, was sich, wenn man die Karte umdreht, rückwärts gelesen als »verlag« entziffern läßt.

Die Gäste, die von Charlottenburg noch einen weiten Weg in den Osten der Stadt haben, nehmen zu viert ein Taxi. Es sei für ihn ein besonders schöner Salon gewesen, sagt Peer überraschend im Auto. Jeder habe sich zu Wort gemeldet, aber keiner die Unterhaltung dominiert. Nicht ohne Stolz fügt er hinzu: »Ich hatte auch schon einmal die ›Carte Blanche‹!« Sie ist die höchste Ehre, die der Salonièr zu vergeben hat, wenn ihm ein Gast besonders sympathisch ist. Wer die »Carte Blanche« erhält, darf sieben Besucher seiner Wahl zum Abendessen in »Alains Salon« einladen. So bekommt Jadot, wie er selbst sagt, die »Crème de la crème« an seinen Tisch nach Hause. Das Gegenstück dazu ist die »Carte Noir«. Sie bedeutet, daß Jadot kocht, den Salon verläßt und nur einen einzigen Gast einweiht. Wenn er dann später von unterwegs aus anruft und hört, wie die Gläser klingen und wie gut sich die Leute amüsieren, ist er enttäuscht: »Leider läuft der Salon auch ohne mich. Die ›Carte Noir‹ werde ich nicht wieder machen.«

»Pasta Opera« im Oxymoron in den Hackeschen Höfen

In der Salon-Bar Oxymoron im ersten der Hackeschen Höfe in Berlin-Mitte herrscht plüschiger Pomp. Ausladende Kronleuchter, große Spiegel, drapierte goldene Stoffe an den Wänden und schwere, bis auf den Fußboden reichende Fenstervorhänge bieten das, was man sich unter dem Ambiente der alten Pariser Geselligkeiten vorstellt. Ein rotes Canapé, ein Klavier und eine Fächer-Palme auf einer kleinen Bühne vervollständigen die Kulisse, die einen in das 19. Jahrhundert und damit in die Salons der Gräfin d'Agoult oder der Prinzessin Mathilde zurückversetzt.

Hier inszeniert die junge Veranstalterin Julia Regehr jeden zweiten Dienstag im Monat ihre »Pasta Opera«, bei der Nudelgerichte geschlemmt und italienische Arien gesungen werden, während sich die Gastgeberin in eine Salonière aus alten Zeiten verwandelt. Weithin sichtbar schwebt ihre hochaufgetürmte Rokoko-Perücke aus

Flachs mit eingeflochtenen Rosen über den Köpfen der Besucher, die mit ihren Eintrittskarten für sechzig Mark ungeduldig auf Einlaß warten. Ist man an der Reihe, wird man mit einem sanften Druck ihrer schmalen Hand im weißen Spitzenhandschuh persönlich willkommen geheißen und darf sich aus hundert verschiedenen Tellern einen aussuchen. Die Variationen der Motive reichen von Rembrandts »Selbstbildnis mit Saskia« über Blümchen- und Zwiebelmuster bis hin zu den Wappen der Freiwilligen Feuerwehr oder des VFB Bochum. »Diese ganze Pracht der Teller«, sagt Julia Regehr, »habe ich auf den vielen Flohmärkten Berlins gekauft.« Mit belustigter Ernsthaftigkeit treffen die Gäste aus den fünf großen Stapeln ihre Wahl für den Teller, von dem sie nun den ganzen Abend speisen werden. Ein sehr beleibter Besucher läßt sich erst verschiedene Motive von der Gastgeberin zeigen, ehe er nach einigem Zögern einen Teller mit der Aufschrift »Unser täglich Brot gieb uns heute« nimmt. Eine elegante Dame besteht auf einem schlichten weißen mit Goldrand, und ein junger Mann fragt, ob es auch einen Teller mit Tieren gäbe. Egal wie man sich angesichts der Vielfalt entscheidet, die Salonière mit dem Rosenmund und in der hellgrünen Seiden-Krinoline kommentiert den Entschluß jedesmal mit lobenden Worten und einem entzückten Augenaufschlag.

An den Abenden der »Pasta Opera« sind die Tische im Oxymoron zu zwei festlichen Tafeln zusammengerückt. Statt auf Tischkarten finden die Gäste ihre Namen mit rotem Filzstift auf die weißen Papiertischtücher geschrieben. »Mercedes Benz« steht da zum Beispiel oder »Fam. Bäcker«. Die Accessoires, mit denen die Tischdecken geschmückt sind, erinnern eher an ein hiesiges Erntedankfest als an Italien. Ein Bund frischer Radieschen liegt dort oder ein Bund Möhren, eine Ranke mit Strauchtomaten oder eine Handvoll hingeworfener Erdbeeren. Gabeln bilden den Dreifuß großer aufgespießter Kartoffeln, auf denen die weißen Altarkerzen flackern.

Wenn die aufgeregt schwadronierenden Gäste – in Schale geworfene Neu-Berliner, Firmengruppen mit ausländischen Geschäftspartnern, Paare und Geburtstagsrunden – ihren Platz gefunden haben, werden die Fenstervorhänge zugezogen, um neugierige Blicke abzuwehren. Um halb neun schließt sich die Tür des Oxymoron. Von da an ist man Teil einer hundertköpfigen Familie, die man sich nicht ausgesucht hat.

Als Ouvertüre zur »Pasta Opera« führt die Gastgeberin einen Tanz einmal rings um die Tafeln auf, in der rechten Hand einen Schirm, dessen Dach aus langstieligen Rosen besteht. Da ihr ausgestellter kastenförmiger Reifrock fast anderthalb Meter mißt, kann sie sich nur seitwärts und mit kleinen Schritten in den schmalen Gängen zwischen den Tischreihen bewegen, wobei sie sich in ihrem Solo-Menuett mal dem einen und mal dem anderen Besucher huldvoll zuneigt. Die Arme und Schultern, die das Rokoko-Kleid den Blicken freigibt, schimmern im Licht der Kerzen wie Porzellan. Die Gastgeberin, die in sich versunken ihre Runde dreht und in abgehackten, gewollt künstlichen Bewegungen um die Tische stolziert, erinnert jetzt an eine Tanzfigurine aus einer Spieluhr.

Wie in den alten Dosen auf Knopfdruck ein Püppchen nach der immer gleichen Melodie anmutig seine Kreise zieht, so läuft auch die »Pasta Opera«, die seit zwei Jahren und an diesem Abend zum fünfzigsten Mal stattfindet, nach ein und demselben Schema ab. Nachdem die Porzellan-Frau die kleine Bühne mit dem roten Canapé erklommen hat, zaubert sie einen Brief aus ihrem schmalen Busen. Nur die Kellner, die mit den Gläsern noch laut an der Bar klappern, sind ein Störfaktor im gewohnten Programm. »Kann die Bar ein bißchen leiser sein!« – das lieblich verklärte Puppengesicht wird streng. »Das war jetzt zwar grob«, sagt sie mit einem Schmollmund zum Publikum gewandt, »aber jetzt ist es ruhig.« Zumeist ist es ein Liebesgedicht eines alten deutschen Dichters, das sie zur Eröffnung mit der Anrede »Liebste Julia ...« vorzutragen beginnt. »Liebe Freunde«, geht es dann weiter, »auf den

Gastgeberin aus alten Zeiten: Julia Regehr im Oxymoron

Tischen sind Rätsel verteilt, habt ihr die gefunden? Es geht alles um die Liebe. Und ein Rätsel lautet: Du ißt es nicht, du trinkst es nicht, und es schmeckt doch allen gut. Also, was ist das?« Und wenn sie Glück hat, ruft ein schlauer Rater aus dem Publikum: »Der Kuß!« Danach bittet sie den Koch namens Lupo zu sich, einen kleinen untersetzten Mann, der schon artig neben der Bühne auf seinen Auftritt wartet. »Bevor Sie den Operngenüssen frönen können«, sagt dieser dann sein Sprüchlein auf, »möchte ich Ihnen ganz kurz erzählen, was in puncto Essen auf Sie zukommt.«

Das Interessante bei der Nudel-Oper sind nicht die Antipasti mit gefüllten Auberginen, getrockneten Tomaten, Parmaschinken und Melone, auch nicht der erste Gang Spaghetti, der zweite Gang Tagliatelle oder das Dessert. Es sind vielmehr die Auftritte des freiberuflichen Berliner Opern-Nachwuchses zwischen den Portionen. Auch wer sonst niemals italienische Arien hört, kann von den

Jung-Sopranistinnen und -Tenören, die bei ihrem Vortrag zwischen den Tafeln auf- und abschreiten, auf überraschende Weise berührt werden. Ältere wie jüngere Gäste sieht man mit geschlossenen Lidern der Musik lauschen und Liebespaare, denen das Kerzenlicht noch mehr Glanz in die Augen zaubert, ihre Blicke ineinander senken. Diesen Moment nennt Julia Regehr dann »einen Augenblick, als wenn die Englein durch den Raum fliegen«. Die jungen musikalischen Talente zu fördern, die sie ursprünglich über einen Aushang in der Musikhochschule gefunden hat, möchte sie als Teil ihres Salon-Konzepts verstanden wissen.

Einige der Sängerinnen und Sänger versuchen auch das alte Pathos der Oper ironisch zu brechen. So blättern die Sopranistin und die Altistin bei ihrem Duett aus Mozarts »Così van tutte« in einer »Playgirl«-Zeitschrift und bejubeln in ungestillter Liebessehnsucht breitbeinig dargebotene Männerakte. Da werden selbst die Kellner hinter der Bar plötzlich mucksmäuschenstill, und Lupo kommt aus der Küche gelaufen, um sich das anzusehen. Die Mütter der herausgeputzten Neu-Berliner schlagen pikiert die Augen nieder, während die Gastgeberin mit einem Liebesbrief von Catull noch einen draufsetzt: »Bleibe daheim und stelle Dich ein auf ein neunmaliges ununterbrochenes wildes Bumsen. Wenn Du es selber auch magst, dann ruf mich schleunigst. Dein Geilus Varistus.« Sobald sie danach mit einem Xylophon unter beifälligem Gelächter des Publikums das Lied »Horch was kommt von draußen rein« angestimmt hat, holt sie eine Spieldose mit einem weißen Püppchen hervor, das fast so aussieht wie sie selber. Während die Figurine aus der Dose vor den Augen der Zuschauer ihre Kreise zieht, ruft die echte Puppe entzückt: »Die Nudeln sind fertig!« und dreht mit der ersten Schüssel »Spaghetti al Pesto« einmal ihre Runde um die Tafeln, damit jeder schon mal sehen kann, was es zu essen gibt.

Mùsica italiana und Pasta miteinander zu verbinden, ist im Moment modern. In New York und London schmettern italienische Köche gleich selbst ihre Arien vor dem spachtelnden Publikum, und auch im Berliner Salon-Café »Bellevue« im Tiergarten gibt es mit den »Italienischen Nächten« längst Konkurrenz. Zu »Spaghetti Napoli« trällert dort die temperamentvolle Rachelina im schwarzen Spitzen-Unterrock neapolitanische Schlager, während sie von den »Maccheronies« begleitet wird.

Um Erotik zu verbreiten, haucht die Gastgeberin im Oxymoron Liebesbriefe ins Mikrofon. Dabei kann sie sich plötzlich von der Barock-Puppe in einen Clown verwandeln, der sich ein Klappmesser in die Rippen stößt, worauf sich rote Kreppapierbahnen wie Blutströme aus dem Herzen ergießen. Manchmal wünscht man sich dann einen Knopf, um die Spieluhr anzuhalten.

»Ich habe die ›Pasta Opera‹ ursprünglich in einem Theater in München inszeniert, in einem schönen kleinen Salon. Da sind nicht so viele Leute reingegangen wie hier, und das war insgesamt viel bescheidener. Also wir haben an Üppigkeit durchaus zugelegt«, sagt Regehr, die vor vier Jahren nach Berlin gekommen ist. Im weißen Männer-Oberhemd, den Jeans und mit den dunklen Haaren erinnert sie nach der Veranstaltung eher an die junge Katherine Hepburne als an eine zerbrechliche Salonière. Sie hat die Schauspielschule in Stuttgart besucht, später bei verschiedenen Filmproduktionen assistiert und wollte am liebsten einmal Regisseurin werden. Heute bezeichnet sie sich als Entertainerin. Sie habe Lust, Menschen zusammenzubringen und suche nach einer Form der Unterhaltung mit privatem Flair. Trotz der Größe versteht sie ihre Schlemmer-Oper nachdrücklich als offenen Salon, zu dem man die Karten einen Monat im voraus bestellen muß. Die Konversation unter den Gästen soll sich ergeben, während man sich aus den Schüsseln gegenseitig auftut oder gemeinsam die Rätsel löst, die in Form zusammengerollter Lose zu Füßen der dreibeinigen Kartoffel-Kerzenhalter liegen.

»Die Musik und das Essen waren schön«, faßt eine Besucherin nach dem Tiramisu den Abend zusammen, den sie gemeinsam mit zwei Freundinnen verbracht hat, »aber irgend etwas fehlte. Wir überlegen schon die ganze Zeit, was. Vielleicht sind die Gruppen zu groß und zu sehr mit sich beschäftigt, daß kein Funken überspringt.« »Ich habe keine Vorstellung von den alten Salons«, pflichtet die neben ihr sitzende Freundin bei, »aber es gab sicher eine engere Verbindung zwischen Gastgebern, vortragenden Künstlern und Gästen, und es war irgendwie wärmer.«

Nach der letzten Zugabe der Sänger schlägt die Stunde für die letzte Runde. Altmodische Sammeltassen, ebenfalls vom Flohmarkt, werden mit Zettel und Bleistift herumgereicht. Denn inzwischen hat Regehr neben der Opera noch eine andere Berlin-Aktivität angedacht, wofür man seine Adresse hinterlassen kann. »Der Ersatzverkehr« soll eine skurrile Reise durch die Stadt werden, bei der sich Regehr nicht als Porzellanpuppe, sondern als Reiseleiterin präsentiert. Der dafür gemietete BVG-Doppeldeckerbus startet am »Tacheles« und landet irgendwann im Wald, wo dann auch ein Toter liegt. »Das ist nicht so romantisch wie die Opera, sondern eher etwas David Lynchig«, erklärt sie auf der Bühne ihr Projekt, und man ahnt, daß sich hinter dem gepuderten Puppengesicht noch eine ganz andere Person verbirgt.

Wer im Oxymoron trotz Salon-Ambiente, Vier-Gänge-Menü, Herzeleid und Operntirilieren noch nicht bemerkt hat, wie schön diese Welt ist, muß zum Abschluß mit ihr und Louis Armstrong das Lied »What a wonderful world« singen, zu dem der Text an den Tafeln verteilt wird. Vom Essen und all dem Sinnenschmelz ist man nun vollkommen genudelt und überrascht, daß es inzwischen Mitternacht geworden ist. Spieluhren haben eben kein Zeitgefühl. Und in einem Monat um die gleiche Stunde wird die Rosendame im Krinolinenkleid von neuem ihren Tanz beginnen.

GEISTREICHE GESELLIGKEIT

DER AKADEMISCHE SALON

»ATW – Der Salon für Angewandte Theaterwissenschaft« in Charlottenburg

»Ich lebe gern in Berlin, weil ich mich hier so gut irritiert fühle«, ist ein charakteristischer Satz von Andrzej Wirth. Obwohl der polnische Professor Berlin für eine ehemalige Frontstadt und noch immer für provinziell hält, obwohl er sich über ihre Selbstbehauptungsversuche als Metropole – samt Salonkultur – amüsiert, bekennt er doch mit rollendem R: »Ich bin ein Berliner.«

Zur Begrüßung nimmt der weißhaarige Herr den Salonbesucherinnen, ganz Kavalier alter Schule, zuerst die Mäntel ab. In seinem blauen Kapitäns-Jackett, der Segelhose und den Leinenschuhen wirkt er eher wie ein unkonventioneller amerikanischer Universitätsdozent. Wenn Wirth gerade einmal nicht durch die Welt reist, empfängt er jeden Freitagnachmittag um fünf Uhr seine Gäste. Soeben ist der über Siebzigjährige aus Krakau zurückgekehrt, wo man an seiner Biografie schreibt. Im Empfangszimmer der großzügigen Charlottenburger Wohnung, in der er allein lebt, wartet ein liebevoll gedeckter Tisch mit türkisem Teegeschirr und großer Kuchenplatte. Eine Neuerung, auf die der Gastgeber gern verweist, ist ein großer Spiegel neben dem Teetisch, der die Flucht der ineinander übergehenden Zimmer reflektiert: den Empfangsraum, das Diskutierzimmer mit Stehpult und Chaiselongue, die Bibliothek mit dem großen Schreibtisch. Das Spiegelbild macht die Wohnung zur Bühne. Auf diesen halböffentlichen Brettern treffe man, so heißt es, kluge Männer und schöne Frauen.

Andrzej Wirth kommt ursprünglich aus Warschau. Dort war er als junger Mann Theaterkritiker, gab zwei wichtige Kulturzeitschriften heraus, übersetzte die alten Griechen ins Polnische und polnische Literatur ins Deutsche. Weil er über Brecht promovierte, wurde er 1957, kurz vor dem Tod des legendären Dramatikers, sein letzter Assistent am »Berliner Ensemble«. Das führte ihn das erstemal für längere Zeit in die Stadt. Während er seine Lebensgeschichte erzählt, sitzen wir im Diskutierzimmer. Gerahmte Bühnenbildskizzen zu »Death and Destruction, Part I« von Robert Wilson auf eine Serviette gezeichnet und ein mächtiger Theatermantel aus Aluminium künden von Wirths Leidenschaft zum Theater. In den sechziger Jahren lehrte er als Professor an der Universität Stanford in Kalifornien und in den Siebzigern an der City University New York. »Eine sehr fruchtbare Zeit«, nennt er sie heute, in der er Künstlern wie Wilson, John Cage und Meredith Monk begegnete. Trotzdem hatte er noch einen Koffer in Berlin, wo er an der Technischen Universität unter der Leitung von Walter Höllerer mit einer Gastdozentur beauftragt war. 1982 folgte Wirth einem Ruf an die Universität in Gießen, der er zuvor eine scheinbar unerfüllbare Bedingung gestellt hatte: Statt wie üblich Hunderte wollte er nur zwei Dutzend Studenten pro Studiengang unterrichten. Nicht aus der Anonymität, sondern aus der engen Bindung zwischen Lehrendem und Lernenden erwachse am Ende Qualität, war die Lektion, die er aus Amerika mitgebracht hatte. Die ungewöhnliche Forderung wurde vor den Hessischen Landtag gebracht – und positiv beschieden. Von den Angelsachsen angeregt, verwirklichte Wirth nun in Gießen seine Idee, die Theorie des Theaters mit dessen Praxis zur sogenannten »Praxeologie« zu verbinden und gründete das Institut für »Angewandte Theaterwissenschaft«, an das er Theatermacher wie George Tabori, Robert Wilson und Heiner Müller holte. »Es wurde unheimlich eng gearbeitet und hart kritisiert. Also war man sehr viel im Institut und konnte auch nachts proben, weil im Prinzip alle Räume ständig offen waren. Es war ein intensives und auch aggressives Familiengefühl«, beschreibt Tim Staffel, einer von Wirths inzwischen bekannt gewordenen Schülern, in einem Interview mit der »Berliner Zeitung« die Atmosphäre am Fachbereich. Theaterinteressierte Studenten pilgerten nach Gießen, um sich den ungewöhnlichen Aufnahmeprüfungen des Professors zu unterziehen, in der Hoff-

Jour-fixe-Initiator und Theaterpraxeologe Professor Andrzej Wirth

nung, letztlich zu den Auserwählten zu gehören, die in den Genuß seiner progressiven Lehre kamen.

»Ich habe vieles von meinen Studenten gelernt, zum Beispiel den Umgang mit Computern«, sagt Wirth und zeigt auf die von einem Doktoranden gestaltete Einladung zu seinem ersten Berliner Salon im November '97. Die Idee, die Treffen ›Salon‹ zu nennen, sei ebenfalls von einem Schüler gekommen und in erster Linie ironisch gemeint. Mit einem simulierten roten Kreidestift stehen die Initialen ATW quer über das kunstvoll gefaltete Einladungs-Blatt geschrieben. ATW steht sowohl für den »Salon für Angewandte Theaterwissenschaft« als auch für den Namen seines Gastgebers Andrzej Tadeusz Wirth. Viele seiner ehemaligen Gießener Studenten leben inzwischen in der Stadt und besetzen nach Wirths eigenen Worten »Schlüsselpositionen« in den großen Theaterhäusern oder betreiben »ambitiöses Off-Off Theater«. Wie stolz er auf die Erfolge seiner Zöglinge ist, beweist die Tatsache, daß er ihre Namen im Gespräch wie eine Litanei herunterbeten kann. Sie kennen doch sicher Bettina Masuch? Eigentlich nicht. Wirths weißhaariger Kopf ruckt vor Verwunderung etwas nach hinten, aber seine Augen hinter der randlosen Brille bleiben nachsichtig. Bettina Masuch ist heute Chefdramaturgin an der Volksbühne, sehr ungewöhnlich für eine Frau, schiebt er hinterher. Kirsten Herkenrath betreut die Pressearbeit des »Berliner Ensembles«. Tim Staffel hat mit seinem Buch »Terrordrom« Furore gemacht, und Till Müller-Klug ist ein stadtbekannter Slam-Poet, der gerade zu Nietzsches Theaterprojektionen bei ihm promoviert und gleichzeitig gemeinsam mit anderen an einem Roman mit dem Titel »Mai 3D« schreibt. Eine »propere Begabung« nennt Wirth seine künstlerisch und wissenschaftlich talentierten Studenten – das höchste Gütesiegel, das er zu vergeben hat. Müller-Klug, der in Jeans und Pullover auch öfter den Jour fixe besucht, schätzt an seinem Lehrer, daß er seinerseits nicht nur Wissenschaftler, sondern auch Dramaturg und Dichter ist und deshalb lebensnah und weltoffener als Universitäts-Gelehrte gewöhnlich. Schon in Gießen habe der Theaterprofessor gemeinsam mit seiner amerikanischen Frau ein offenes Haus geführt.

Mit dem Entschluß, sich als emeritierter Professor in Berlin, dem geografischen Schnittpunkt zwischen östlicher und westlicher Welt niederzulassen, initiierte Wirth den Jour fixe, um Kontakt zu seinen ehemaligen Studenten zu halten und ihnen gleichzeitig eine halböffentliche Plattform zu schaffen, auf der wissenschaftliche Arbeiten genauso wie in der Entstehung befindliche Stücke präsentiert werden können. Wie an der Universität redet er auch im Salon seine jungen Besucher mit ›Sie‹ und dem Vornamen an, denn das schaffe sowohl Nähe als auch Distanz und ließe ihm einen Spielraum für Lob und Tadel.

Es sind immer an die zehn Leute, die sich an den Freitagnachmittagen bei ihm treffen. Schöne *und* kluge Besucherinnen sieht man hier zumeist, denn Wirth ist wie Nicolaus Sombart ein Salonièr, der die Frauen liebt. Schnell wird man in der überschaubaren Teerunde miteinander bekannt und tauscht sich aus. Neben seinen Freunden und ehemaligen Studenten sitzen Journalistinnen und am Theater interessierte Künstlerinnen und Künstler am Tisch. Der Stargast im Salon ist meist ein älterer Herr, einer von Wirths unzähligen Bekannten, der auf der Durchreise von Amerika oder Polen gerade in Berlin zu Gast ist. So wie der in Kanada lehrende Jugoslawe Dr. Darko Suvin zum Beispiel, den Wirth mit der Aufforderung, etwas aus seinem Leben zu erzählen, an das Stehpult im Nebenzimmer bittet. »Uns beide«, stellt er augenzwinkernd den langjährigen Freund vor, »verbindet der Brecht-Satz: ›Fürchte die Jugend nicht, denn sie vergeht.‹« »Als Älterer«, sagt er im privaten Gespräch, in dem er konkreten Fragen durch ausschweifende Erläuterungen ausweicht, »hat man einfach die stärkere Position. Und wenn Sie etwas Interessantes zu erzählen haben, fragen die Frauen auch nicht nach dem Alter.« Außer auf seine Schüler ist der ansonsten bescheidene Professor auch auf seine Künstler-Freundschaften stolz und kann handsignierte Bücher von Helmut Newton bis Heiner Müller vorweisen.

Suvin ist ein kleiner Mann mit Hornbrille im Fünfziger-Jahre-Look. An seinem Revers trägt er das kanadische Ahornblatt und lehrt seit Ende der sechziger Jahre Theaterwissenschaft in Montreal. »Wir haben beide drei separate Biografien, drei separate Sprachen, in denen wir denken und schreiben«, bezieht er sich auf den Gastgeber, der in Polnisch, Englisch und Deutsch publiziert. »Es ist ein Leben, das mit Abenteuer und Risiko verbunden ist«, fügt Andrzej Wirth hinzu, »aber eigentlich gehört ungeheuer viel Glück zu diesem Weg, den wir hatten.« Nach Suvins anregend-ironischen Ausführungen über seine eigenen Stationen vom studentischen Protesttheater zum Lehrstuhl einer Universität, kommt man in der Runde angesichts des Kosovo-Konflikts auch auf den Jugoslawien-Krieg zu sprechen – ein Thema, das in keinem anderen Salon Gegenstand von Diskussionen war und auch beim nächsten Jour fixe in Zusammenhang mit dem Theater wieder aufgegriffen wird. Der deutsche Bühnenregisseur Claus Peymann hat als Direktor des Wiener Burgtheaters gerade ein umstrittenes Stück von Handke über den Konflikt inszeniert. Einer der Anwesenden ist zur Premiere in Wien gewesen und muß nun erzählen.

Seltener richtet der Gastgeber an eine Besucherin offen das Wort. Auch wenn in der Runde mehrheitlich Frauen sitzen, denen Wirth heimlich Komplimente macht, wendet er sich mit Nachfragen zumeist an seine Besucher. Er hält die Zügel des Tischgesprächs fest in der Hand, und die Unterhaltungen, die sich entspinnen, sobald er neue Gäste begrüßt, ersterben ehrfurchtsvoll bei seiner Rückkehr in die Runde. Unangestrengter läßt es sich am Katzentisch im Nebenzimmer plaudern, an den man gesetzt wird, wenn am großen Tisch kein Platz mehr ist.

Dennoch gehören die Treffen bei Wirth zu den wenigen, die den Namen ›Salon‹ verdienen, weil hier die Begegnung und der gegenseitige Austausch im Mittelpunkt stehen, auch wenn der Gastgeber immer wieder betont:

»Berlin und Salon, das ist eigentlich ein Witz!« Berlin sei
»Anti-Salon« und »Anti-Hut«, denn schon wenn er hier
seinen Hut trage, setze er sich Gefahren aus. Und wie provinziell die Stadt sei, das sehe man allein am Potsdamer
Platz.

Regelmäßig kommt auch eine Journalistin mit ihrer
kleinen Tochter zum Jour fixe. Mit den Worten: »Oh,
da kommen ja wieder meine schönen Damen!« werden
sie stets von Wirth begrüßt. Die Siebenjährige schleppt
dann ihren Koffer mit Spielsachen ins Zimmer und liegt
am liebsten bäuchlings auf dem Parkett vor dem Spiegel.
Während sie mit ungelenken Strichen ein Bild »FÜR AN-
DRZEJ« malt, wirft sie ihrem gespiegelten Ebenbild selbst-
verliebte Blick zu. Wirth, dessen erwachsene Tochter in
den USA lebt, streicht ihr dann lächelnd über den Kopf
und sagt mit prophetischer Miene: »Du wirst bestimmt
einmal Schauspielerin!«

»Miris Salon« in Tiergarten

Daß Intellektualität auch unter Intellektuellen nicht auto-
matisch funktioniert, wußte schon Sigmund Freud, als er
1902 seine »Mittwochs-Gesellschaft« gründete. Einmal
pro Woche kamen einige Kollegen und Freunde in seiner
Wiener Wohnung in der Berggasse zusammen. Jeder der
Teilnehmenden sollte reihum einen Beitrag leisten, um
die anschließende Diskussion anzuregen. Im Schutz der
Intimität der kleinen Gruppe, die überwiegend aus jüdischen Ärzten bestand, konnte auch ins unreine gedacht
und manches ausgesprochen werden, was die in der Entstehung begriffene Psychoanalyse in der Öffentlichkeit
diskreditiert hätte.

»Miris Salon« weckt mit der vorangestellten Koseform
des weiblichen Vornamens eher die Erwartung an ein be-
langloses Kaffeekränzchen als an einen akademischen

Kreis. Und der zierlichen Salonière sieht man ihre Vorliebe für kontroverse Debatten auf den ersten Blick auch nicht an. Dennoch werden in ihrem Salon Themen der Philosophie, Literaturwissenschaft oder Geschichte verhandelt. Der Vergleich mit Freuds Diskussionsforum mag hochgegriffen wirken, aber letztlich geht es auch Mirjam Schmidt um nichts anderes als um Intellektualität als Herausforderung, als Denk-Arbeit mit Anspruch. Kam man bislang in ihrer Hinterhauswohnung zusammen, so trifft man sich seit kurzem in ihrer neuen exklusiven Wohnung, die sie zusammen mit ihrem amerikanischen Freund bewohnt. »Ich möchte diesen Salon auf einem bestimmten Niveau halten«, sagt die junge Salonière nachdrücklich. »Die Leute, die kommen, sind hauptsächlich Philosophen und Germanisten und sollen über ein bestimmtes Vokabular verfügen, um mitreden zu können.«

Mitte der neunziger Jahre war die aus Essen stammende Studentin von Köln nach Berlin gezogen, um

Vorliebe für kontroverse Debatten: Salonière Mirjam Schmidt und ihr Freund Ian Kaplow

ihr Germanistik- und Philosophie-Studium an der Technischen Universität fortzusetzen. Weil sie neu in der Stadt und »sehr alleine« war, lud sie ab dem Winter 1995 alle paar Wochen samstagabends zum Salon zu sich ein. »Es ging mir um die Freude an bestimmten Themen und darum, Leute zusammenzubringen. Ich hab damals über den Freiheitsbegriff bei Sartre und Hegel gearbeitet und wollte das in einer kleinen Runde diskutieren.« Anders als mit dem »Kölschen Klüngel« machte sie in Berlin die Erfahrung, daß man auf der Straße, in der Uni und abends in den Kneipen leicht Kontakte schließt. »Berlin war einfach die richtige Stadt dafür. Wenn ich die Leute zum Salon einlud, sagte jeder: ›Mensch, auf so was hab ich eigentlich immer schon gewartet!‹«

Die Intention ihres Salons hat sich über die Jahre verändert. In der ersten Zeit diente er den durchschnittlich zehn Beteiligten vor allem dazu, ihre in der Entstehung begriffenen Magister-Arbeiten vorzustellen und sich gegenseitig Anregungen zu geben. »Ein Beweggrund für den Salon war auch der Frust, daß man ein halbes Jahr an einem Thema arbeitet, allein in der Bibliothek sitzt, sich das Hirn auswringt und niemals die Gelegenheit hat, das in einem Forum darzustellen. Aus Neugier und aus Lust am Denken wollte ich diesen Arbeiten den Respekt entgegenbringen, der ihnen an der Uni versagt bleibt«, sagt die Salonière heute.

Inzwischen haben alle Salonbesucher ihr Studium abgeschlossen, drei von ihnen arbeiten an ihren Dissertationen. Schmidt selbst hat sich von ihrer geplanten Promotion vorerst verabschiedet, weil sie ihren Traumjob an der Freien Universität gefunden hat. Wie als Salonière ihre Besucher im Salon, versucht sie dort als Presse-Referentin die Medien für unterschiedliche Forschungsprojekte – vom fliegenden Roboter bis zur Herausgabe der ›Tschechischen Bibliothek‹ – zu interessieren.

Als Gastgeberin hatte sie die Befürchtung, daß ihr Kreis nach dem Ende des Studiums einschlafen würde. Das Gegenteil ist jedoch der Fall, und das Bedürfnis, sich über anspruchsvolle Themen die Köpfe heiß zu reden, eher größer geworden. In erster Linie ist ihr an der Vielfalt der Beiträge gelegen. Es gebe allerdings bestimmte Diskurse, die in der Runde nicht besonders gut ankämen, wie die Frankfurter Schule oder die »kulturpessimistische Denkrichtung aus den 68ern«. Zwar sei auch zweimal ein Text von Adorno im Salon diskutiert worden, er sei aber mehr oder weniger durchgefallen. »Bei einem Salon ging es um Handlungs-Rationalität, und wie man sie in der analytischen Philosophie begründen kann. Einer der Gäste war etwa zehn Jahre älter als wir, war an Adorno geschult und beschimpfte uns als gottverlassene Zyniker. Er meinte, daß man über Rationalität nicht in diesen Kategorien sprechen könnte und fing an, über den Eurofighter zu diskutieren.« Genau das, sagt Mirjam Schmidt, wolle sie nicht. Die Leute, die zu ihrem Salon kämen, müßten die Bereitschaft mitbringen, sich auf etwas Neues einzulassen und mit Konzentration bei der Sache bleiben. »Ich möchte nicht, daß es zu *irgendeiner* Form von Gespräch kommt, sondern ich möchte, daß sich das Gespräch um den speziellen Gegenstand des Abends dreht.«

So verschieden die bei ihr verhandelten Themen sind, so unterschiedlich können auch die Abende in »Miris Salon« verlaufen. Der letzte Salon im alten Jahr findet im Winter noch in der Hinterhauswohnung statt. An der Tür wird man von Mirjams Freund in weißem Hemd und schwarzem Frack gentlemanlike begrüßt. »Sorry«, sagt er und nimmt einen Zug von seinem Zigarillo, »eigentlich bin ich etwas overdressed. Aber ich habe mir den Frack erst neulich gekauft und dachte, der Salon wäre die richtige Gelegenheit dafür.« Das Wohnzimmer ist eine Studentenbude der gehobeneren Klasse: abgezogene Dielen und weiße Bücherregale von »Ikea«, in der Zimmerecke steht eine Holztruhe mit filigranen Kerzenständern, einer großen Muschel und altmodischen Parfüm-Flacons. Wie die Gastgeberin sind auch ihre Besucher um die dreißig. Man trägt Berliner Secondhand-Schick und Boots aus London an den Füßen. Jeder der

Ankömmlinge nimmt sich einen Stuhl und setzt sich in den Kreis. Im Laufe des Abends wird der von den Gästen beigesteuerte Wein getrunken und viel geraucht, werden harte Weihnachtskekse und gesalzene Chips gegessen, die in der Mitte auf dem Dielenboden stehen.

Wer hier ein akademisch-trockenes Referat erwartet hatte, wird positiv überrascht. Der Referent Axel Lindhorst trägt drei Ringe im linken Ohr und hat seinen Vortrag einen Tag vorher stichpunktartig vorbereitet. Mit seinem Thema »Popkultur, Political Correctness und Postmoderne – Ein Exkurs in Cultural Studies« bezieht er sich auf das Buch »Mainstream der Minderheiten – Pop in der Kontrollgesellschaft« zweier amerikanischer Herausgeber. Ist es noch möglich, daß eine oppositionelle Jugendbewegung entsteht, ohne von der Unterhaltungsindustrie sofort vereinnahmt zu werden? – ist eine seiner aus dem Buch abgeleiteten Fragen, die den Abend über diskutiert wird. Die letzte nicht sofort kommerzialisierbare Protestbewegung sei wegen ihrer Widerborstigkeit der Punk gewesen. Alle darauffolgenden Revolten, die sich in neuen Musikstilen, wie Grunge, HipHop oder Techno niederschlugen, wurden von der Mode- und Plattenindustrie aufgesogen und damit von der ursprünglichen Gegenbewegung in den allgemeinen Mainstream überführt. Eine Band wie »Nirvana« und ihr Sound wurde konsequenterweise gleich am Reißbrett der Musik-Agenten konzipiert.

Innerhalb von zwanzig Minuten hat Lindhorst seine Thesen dargelegt und ist nach Art der eingespielten Gesprächsrunde schon mehrmals unterbrochen worden. Von ihm eingeführte Begriffe und Definitionen werden hinterfragt, Zweifel geäußert, und schon beginnt man sich lustvoll zu streiten. Bruchlos sind die thesenartigen Ausführungen in eine Diskussion übergegangen, in der man sich auch ironisch auf die eigene Jugend in den Achtzigern besinnt, von der die Salonière behauptet, daß sie damals ausgesehen habe, wie »die Schwester von Billy Idol«. Heute agiert die blasse Blondine mit Tigeroberteil und kurzem schwarzen Rock überzeugend als die Dame des Hauses. Ihre provozierende Streitlust heizt die Debatte an, sobald sie in ruhigere Gefilde abzugleiten droht.

Daß man über Stunden in einem Kreis von mehr als zehn Leuten diskutiert, ohne daß dieser in kleine Grüppchen zerfällt, ist ein Erlebnis. Auch bei gegensätzlichen Ansichten läßt man die Gesprächspartner ausreden, hört zu, kritisiert konstruktiv und hakt nach. Gemeinsam werden auf diese Weise neue Räume erdacht und ersprochen, das Wohnzimmer tritt als Kulisse in den Hintergrund, die Teilnehmer scheinen sich nur noch in der Welt der Gedanken zu bewegen. Zwischendurch werden auch Witze gemacht, dann ist man wieder ernst beim Thema. Persönliche Erfahrungen haben Platz neben theoretischen Überlegungen und vermischen sich zu einer produktiven Konversation. Landet man mit einem Blick auf die Uhr wieder auf dem Boden der Tatsachen, kann man kaum glauben, daß es schon nach Mitternacht ist. Die Hausherrin begleitet die ersten sich verabschiedenden Gäste hinunter, um die Hoftür aufzuschließen, und meint, daß der Salon noch lange nicht zu Ende sei.

Draußen auf der nächtlichen Gotzkowskybrücke atmet man erst mal tief durch, so aufgewühlt ist man noch von der intensiven Diskussion und dem Gefühl, etwas Ungewöhnliches erlebt zu haben: gemeinsam mit anderen zu denken. Auch die Salon-Berichterstatterin, die eigentlich Zaungast bleiben wollte, fand sich plötzlich in einen anregenden Disput verstrickt.

Bis zum nächsten Termin vergeht ein halbes Jahr. Der angekündigte Salon »Der Mythos der Vernichtungsschlacht« fällt aus, weil die Referentin erkrankt ist. Dann kommt der Umzug des Paares dazwischen. Die neue Wohnung befindet sich in zentraler Grünlage, gleich neben den neuen skandinavischen Botschaften am Tiergarten, nur einige Schritte vom »Café am See« entfernt. Der Korridor ist ein runder Lichthof mit einem Fenster in der Decke, das der amerikanische Freund liebevoll »unser Astro-Lab« nennt. Von den Fenstern des Diskutierzimmers, in dem Sitzkissen und Stühle schon in der Runde verteilt sind, sieht man das »Europacenter« und die Känguruhs im »Zoo«-Gehege grasen. Ian Kaplow, Mirjams Freund, der wieder seinen Frack trägt, hat sich heute auf das Thema »Sprache, Ethik und Science-fiction« vorbereitet. Auf dem Canapé liegen noch die aufgeschlagenen Bücher der Salonière, die sich durch die Lektüre von Lexikonartikeln und einschlägigen Aufsätzen auf den Abend vorbereitet hat.

Kaplow beginnt mit einer Filmszene aus dem »Terminator«, die auf dem Video-Bildschirm gezeigt wird, und mit einem Bibel-Psalm. In seinem Vortrag versucht er große Bögen zwischen der Bibel, dem Golem, dem »Terminator« und der Erforschung der künstlichen Intelligenz zu schlagen. Wie beim letzten Mal wird auch diesmal die Autorität des Redenden sofort entmachtet. Die Gäste fragen nach, assoziieren und mischen sich ein. Über die Frage, ob eine sprechende Maschine schon eine Person sei, ist man schnell bei den großen Themen wie dem Zusammenhang von Sprache, Denken und Persönlichkeit gelandet. Im Unterschied zu Lindhorst ist der Referent allerdings nicht bereit, sein vorbereitetes Papier zugunsten des gemeinsamen Gesprächs zurückzustellen. Er versucht, die Diskussion, die sich lustvoll nach allen möglichen Seiten entfaltet, immer wieder auf seine gedankliche Linie zu bringen. Auch die Salonière ruft diesmal die diskussionswütigen Teilnehmer zur Räson, damit Kaplow seinen Vortrag zu Ende bringen kann. Die dichte Gesprächs-Atmosphäre vom letzten Mal will sich deshalb nicht so recht einstellen. Man hat eher den Eindruck, statt in einem Salon in einem Hochschul-Kolloquium zu sitzen. Als Kaplow nachts um halb eins mit seinem sechzehnseitigen Papier endlich fertig ist, liegt ein Teil der Salongemeinde erschöpft am Boden, einer der Gäste, der eingangs noch herzhaft mitdebattiert hat, ist im Sitzen eingeschlafen.

»Ich wehre mich ganz entschieden dagegen, den Salon Seminargruppe oder Kolloquium zu nennen«, sagt Mirjam Schmidt aufgebracht in einem späteren Gespräch. »Es hat nichts von einem Lehrer-Schüler-Verhältnis, und man ist frei davon, sich wie an der Uni, wo die Leute nur darauf warten, daß man sich vertut, profilieren zu müssen. Der letzte Vortrag ist woanders nicht zu halten, weil er sich an keine Disziplin hält.« Allerdings, gesteht sie ein, sei sie über den Verlauf des letzten Salons selber nicht glücklich gewesen und habe nicht so recht gewußt, wie sie moderierend eingreifen sollte. Der Abend über die Jugendkulturen sei aber eher die Ausnahme gewesen, betont sie, denn normalerweise stellten die Leute komplexere Projekte mit geschlossenen Referaten vor.

Der Salon soll nach Schmidts Vorstellungen ein Raum sein, wo sich ungewöhnliche Themen miteinander kombinieren lassen, die in keinen Wissenschaftsdiskurs passen und sich nicht an akademische Regeln halten. Dies gehört zum alten Konzept der Salongeselligkeit, eine Art Gegenöffentlichkeit zu etablierten Institutionen zu entwerfen.

»Miris Salon« steht aber mitunter der didaktische Anspruch der Initiatorin entgegen, daß die Besucher nicht nur diskutieren, sondern auch etwas lernen sollen. Sobald der Salon jedoch mit pädagogischen Zielen verknüpft wird, büßt er viel von seinen kommunikativen Möglichkeiten ein. Die Bewertung der Gäste von »Miris Salon« reicht von »subversiver Luxus des ausschweifenden Denkens« bis hin zu »damit muß ich mich zum Feierabend nicht mehr beschäftigen«. Besucher, die letzteres von sich behaupten, kommen einmal und nicht wieder. Manchmal ist der intellektuelle Streit so heftig geworden, daß es zwischen einzelnen Besuchern für immer zum Bruch kam.

Zu Schmidts eigenem Bedauern steht der Salon über den »Mythos der Vernichtungsschlacht« von Bettina Buchholz noch aus. »Ich erinnere mich, daß ich nichtsahnend mit ihr ausging, sie mir nach dem zweiten Cocktail sämtliche Schlachtenordnungen von der Antike bis heute auf die Theke malte und mir erklärte, wie die Kriegstaktiken funktioniert haben. Ich find so was toll, und es geht mir darum, solche Leute in den Salon zu holen, damit sie sich mal ausbreiten können.«

In den letzten Monaten habe die Salon-Konkurrenz allerdings spürbar zugenommen. Man würde sich inzwischen nicht nur die Gäste, sondern auch zunehmend die Referenten abspenstig machen. »Aber«, sagt Mirjam Schmidt lachend, »bei einer Bekannten ist immer Samstag von sechs bis acht Salon, und danach können die Gäste noch zu mir kommen.«

Parkett für Ästheten

der Kunstsalon

Die Salonkette von Gisela Kurkhaus-Müller: der »Atelier-Salon« in Grünau und der »Salon in Beton« in Marzahn

Es gibt Laden-, Restaurant- und Hotel-Ketten. Doch inzwischen gibt es auch eine Salon-Kette, deren verschiedene Ableger sich in Ausstattung und Atmosphäre unterscheiden. »Berliner Salons« heißt das Label, unter dem Gisela Kurkhaus-Müller die von ihr initiierten Geselligkeiten vereint. Neben dem »Atelier-Salon« in Grünau und dem »Salon in Beton« in Marzahn gibt es auch auswärtige Kreationen, wie den »Salon im Bad« (Bad Freienwalde) oder den »Salon im Schloß« (Schloß Reichenow). Es seien exponierte Orte mit einer künstlerischen Ausstrahlung, die sie zu Salonabenden animierten, sagt die Grafikerin. »Und wenn ich mir Mühe gebe, kann ich überall mit diesem Thema landen.« Die Sechzigjährige hat die Wiederbelebung der Berliner Salonkultur konsequent zu Ende gedacht. Nachdem sich ihre Auftraggeber aus der DDR-Wirtschaft, wie das Ostberliner »Hotel- und Gaststättenwesen« und das »VEB Getränkekombinat« aufgelöst hatten, wurde sie als Salon-Managerin aktiv. Die Idee sei ihr während eines Urlaubs in Schloß Wiepersdorf – dem ehemaligen Landgut der von Arnims – bei der Lektüre von Varnhagen-Briefen gekommen.

»Ich hab mir gedacht, wenn ich so etwas eigenes mache, muß es was Besonderes sein«, erinnert sich Kurkhaus-Müller heute. Das Besondere an ihren Geselligkeiten ist die Verbindung von Malerei, Literatur und Musik mit einem entsprechenden kulinarischen Höhepunkt. »In dieser schnellebigen Zeit lag das für mich einfach auf der Hand, viele verschiedene Künste zusammenzuführen«, meint Gisela Kurkhaus-Müller. »Mein Salon bietet eine Form, wo man gleichzeitig etwas Schönes aufnehmen, sich beim Essen austauschen und auch neue Menschen kennenlernen kann – und hat damit mehrere Fliegen mit einer Klappe geschlagen.«

Nach jwd, janz weit draußen, fährt man zu Kurkhaus'
»Atelier-Salon«, der jeden dritten Freitag im Monat stattfindet. Die Einladung in das neu-bürgerliche Berlin-Grü-
nau kommt als ein schmaler versiegelter Brief ins Haus,
den man aufreißen und aufblättern muß, wie ein Billett
aus alten Zeiten. Als Signum ziert eine hingeworfene Skiz-
ze die Depesche, das Siegel ist mit einem Lageplan be-
druckt. Auf einer Staffelei vor dem Gartenhaus begrüßt
die Besucher ein Bild mit einem passenden Motiv zum
Abend. Alles scheint perfekt vorbereitet und bis ins
Detail durchdacht.

Nach einem Klingeln an der Tür wird man im edel sa-
nierten Parterre, wo Garderobe, Toilette und Bar unter-
gebracht sind, von einer der Kurkhaus-Töchter zunächst
zur Kasse gebeten. Über eine Wendeltreppe gelangt man
in das sogenannte Atelier. Malerateliers waren auch für
die alten Berliner Salons beliebte Treffpunkte. Um die
Mitte der 1890er Jahre hatte zum Beispiel die Malerin Sabine Lepsius in ihr Atelier in der Kurfürstenstraße zum
Salon geladen. In dem Besucher-Zimmer von Gisela
Kurkhaus erinnert allerdings nichts an eine Werkstatt.
Es gibt weder herumliegende Papierrollen noch umher-
stehende Pinseltöpfe, weder Paletten noch Patina, und
es riecht auch nicht nach Farbe. Schwer vorstellbar,
daß in diesem Raum mit dem blanken Parkett, der
eher die einschüchternde »White Cube«-Wirkung ge-
tünchter kommerzieller Galerien ausstrahlt, der Pinsel
auch nur für ein einziges Bild geschwungen wurde. Für
Salonatmosphäre sollen deshalb der Flügel, das Büffet
und die dekorierten Tische sorgen. In der Ecke steht
eine Boden-Vase mit einem verschlungenen Zweig. Die
Besucherinnen, die sich hier einfinden, kommen in ele-
gantem Chic, die Männer mit Anzug und Krawatte. Vorsichtig werden die Stühle gerückt und leise wird gehüstelt
und geflüstert, nur wenige Gäste scheinen sich untereinander zu kennen.

Kurkhaus versteht es aber, mit der Salon-Eröffnung die
Gäste einzustimmen und als Salondame zu überzeugen.

Unprätentiös und kompetent kündigt sie den Ablauf des Abends sowie die beteiligten Künstlerinnen und Künstler an und macht gleich noch ein bißchen Werbung für ihre Salonfilialen, Sponsoren und die zum Verkauf ausgestellten Bilder. Obwohl sie bei ihren kulturkulinarischen Zusammentreffen auf das Schöne, das Erhabene und ein großbürgerliches Kunstideal setzt, wirkt die Salon-Managerin auf den ersten Blick eher unbürgerlich und unkompliziert. Sie trägt bevorzugt leger geschnittene Hemden, schmale Hosen, dazu Plateauschuhe und setzt damit auf jugendliche Accessoires. Das dunkelbraun gefärbte Haar trägt den gleichen Ton wie das der Töchter. Ist Kurkhaus generell zurückhaltend, so wirkt sie bei der Eröffnung und im persönlichen Gespräch belebend. »Ich gehe immer mit offenen Armen durch Berlin«, sagt sie und wird so auf Menschen oder Bücher aufmerksam, die sie interessieren. Wenn es ihr in einem Restaurant besonders schmeckt, bittet sie die Betreiber das nächste Salon-Büffet auszurichten.

Als im »Atelier-Salon« Gotthard Erler aus dem von ihm mit herausgegebenen Buch »Ich bin nicht für halbe Portionen – Essen und Trinken mit Theodor Fontane« las, stellte die Berliner Künstlerin Ellen Fuhr »Fontanes Frauen« in Lithografie und Zeichnung aus. Zwei Pianistinnen spielten vierhändige Stücke, und die kulinarischen Köstlichkeiten bestanden aus Bouillon, Teltower Rübchen mit Ente und Werderschen Kirschen mit Schlagsahne, wie der Schriftsteller sie liebte. An einem anderen Abend hingen »Tanzposen« von Marika Voß an den Wänden und Nora Lantez tanzte gemeinsam mit ihrer Tochter in weißen, roten und schwarzen Kleidern atemberaubend Flamenco. Fünfzig Gäste spendeten begeistert Beifall und standen anschließend in einer langen Schlange am Büffet, das mit Tapas, der eisgekühlten Gemüsesuppe Gazpacho, dem spanischen Nationalgericht Paella und Crema catalana üppig bestückt war. Daß sich, wie diesmal, nach dem Essen der Schauspieler Christian Steyer spontan an den Flügel setzte, um den Tänzerinnen zu huldigen, ist allerdings eher die Ausnahme. Und auch wenn die Salon-Managerin von Tisch zu Tisch geht, sich zu den wichtigsten Gästen gesellt und dabei selbst kaum zum essen kommt, scheint etwas Verbindendes unter den Besuchern nur schwer zu entstehen.

Ambitioniert liest sich in einem Konzept-Papier, das sich auf die Salons der Rahel Varnhagen bezieht, die angestrebte Zielgruppe der Besucher: »Publikum aus der Nähe sowie Regierungsmitglieder und Abgeordnete, Unternehmer, Wissenschaftler und Künstler«. Trafen sich in Lepsius' Atelier-Salon Philosophen wie Dilthey und Simmel, Dichter wie Rilke und Hofmannsthal, so zählen zu Kurkhaus' Stammgästen vor allem befreundete Grafiker und Galeristinnen. Ein Prominenter im Salon ist der weißhaarige Kurt Schwaen, der einzige lebende Komponist, der noch mit Brecht zusammengearbeitet hat. »Ich hab mir zeitweise gewünscht, daß ganz berühmte Leute kommen, aber jetzt bin ich nicht mehr der Meinung, daß das sein muß«, sagt Kurkhaus-Müller und setzt im Gespräch auf ein unverfängliches Understatement. Bei der Eröffnung des »Atelier-Salons« im März '97 fiel ihre Wahl allerdings nicht auf die Varnhagen-Darstellerin und Salonbetreiberin Blanche Kommerell, die schon in Kurkhaus' verschiedenen Salonfilialen mit ihren Programmen aufgetreten war, sondern auf die weitaus bekanntere Schauspielerin Jutta Wachowiak.

Die Selektion der Gäste erfolgt ansonsten über die Eintrittspreise zwischen fünfzig und siebzig Mark. Getränke kosten extra. Die Ausgaben für einen Salonabend – für Telefonate, Einladungen, Raumdekoration, Essen und Künstler-Honorare – liegen nach Kurkhaus' Schätzungen bei etwa zweitausend Mark. Damit ließe sich nichts verdienen, sagt sie, letztlich zahle sie immer noch drauf. Weniger betuchte Künstler, die zum Salon kommen wollen, sich aber den Eintritt nicht leisten können, dürfen auch Bilder oder Bücher im Sachwert liefern.

Will Kurkhaus partout jemanden für sich gewinnen, hakt sie ausdauernd nach, insistiert diskret und ist erfinderisch. Auf den Prinzen zur Lippe ist sie mal in einem »Weinführer« gestoßen. Ihn, der dort als einer der neuen Weingut-Besitzer im Osten Deutschlands vorgestellt wurde, hat sie zu einem dreigängigen Menü mit Weinverkostung in den Salon eingeladen. »Der Prinz hat erzählt, wie er versucht, hier einen neuen Anfang zu finden. Und es hat ihm so gut bei uns gefallen«, sagt sie nicht ohne Genugtuung. Kein Wunder, denn der wohlgeborene Gast hatte nicht nur einen schönen Abend, sondern gewann auch neue Kunden durch den Salon. Und eine Besucherin, ähnlich glücklich, konnte ihre Tochter auf seinem Weingut zum Praktikum unterbringen. Nachdem Kurkhaus auf »Info Radio« ein Interview mit Günther Rühle, dem Herausgeber der »Briefe Alfred Kerrs aus der Reichshauptstadt« gehört hatte, kam es unter dem Motto »Berlin wird Hauptstadt, holldrioh« zum gemeinsamen Salon, zu dem Rühle extra aus Frankfurt/M. eingeflogen war, um die Korrespondenz des spitzfedrigen Literatur- und Theaterkritikers Kerr langatmig vorzustellen.

Die Salon-Managerin läßt sich jedoch auch von eingeladenen Künstlern zu Experimenten verführen. »Saloncreation Surreal« hieß ein Atelier-Abend, bei dem drei junge Autorinnen ihre Porträts surrealistischer Malerinnen und Dichterinnen aus dem Band »Oh große Ränder an meiner Zukunft Hut« vorstellten. Die Grafikerin im Grünauer Salon hatte auf deren Anregung Gelb zur Farbe des Abends erklärt, weil Leonor Fini, eine der porträtierten Malerinnen, ihre Feste immer in einer einzigen Farbe gestaltete, was von der Kleidung bis hin zu den Speisen galt.

In der »Dachkammer«, einer Kneipe, wo wir uns in Anspielung auf Varnhagens erstes Salon-Domizil treffen, erzählt Gisela Kurkhaus, während sie sich beiläufig eine Strähne aus der Stirn streicht, daß sie Ende der fünfziger Jahre bei Wolfgang Mattheuer an der Hochschule für Grafik und Buchkunst in Leipzig studiert und das grafische Erscheinungsbild (Logo, Speisekarten, Ausstattung) beliebter Ausflugsgaststätten in Friedrichshagen wie

»Rübezahl« und »Müggelseeperle« mitgeprägt hat. Jeder, der in Ostberlin gelebt hat, kennt von Familien-Ausflügen an den Müggelsee ihren bärtigen Rübezahl mit der Mohrrübe am braunen Schlapphut. Sie, die in erster Linie als Malerin und Grafikerin gesehen werden will, gleicht die mangelnde künstlerische Anerkennung mit ihren Kunst-Salons aus. »Als Salondame sehe ich mich aber überhaupt nicht, sondern als jemand, der auf diesem Gebiet arbeiten will.« Denn arbeiten, zitiert die Salon-Managerin sinngemäß Rahel Varnhagens Satz, sei das einzige, was einen ausfüllt. Trotzdem stünde die Familie bei ihr an erster Stelle. »Das muß stimmen und dann die Arbeit. Der gegenseitige Austausch, die Unterstützung in der Familie ist die Grundlage für jede Kraft.« So wundert es auch nicht, daß der »Atelier-Salon« eigentlich ein Familienunternehmen ist, zu dessen Gelingen auch ihre Töchter, Cilly und Frizzy Kurkhaus, beitragen, die beide Kunst studieren. Kurkhaus' Mann ist ebenfalls Grafiker und läßt sich manchmal zu vorgerückter Stunde zu einer improvisierten Arie am Klavier überreden. Der gütige Gefährte räumt auch die schmutzigen Teller der Salongäste ab, während die Töchter den Getränkeausschank verwalten. Die Ältere von beiden sieht man mitunter nach dem Vorbild der Mutter mit Bleistift und Zeichenblock die Gäste skizzieren.

Eine ganz andere Kulisse als in Grünau erwartet einen auf dem Weg zu Kurkhaus' zweiter Salonfiliale, der die »Berliner Morgenpost« unter dem Titel »Eine Frau macht Furore mit ihrem ›Salon in Beton‹« einen ganzen Artikel widmete. Am S-Bahnhof Marzahn wird man von DDR-Platte und westsanierten Hochhäusern empfangen. Jugendliche kicken Dosen vor sich her, übereinander gepappte Werbeplakate schälen sich am Brückendurchgang von den Wänden. Wenn man Glück hat, geht gerade hinter der Siedlung die Sonne unter und taucht das Ganze in ein mildes Licht. Nach ein paar Busstationen führt eine kleine baumbestandene Allee unvermutet in die heile Welt des Dorfes Alt-Marzahn. Bei Vogelgezwitscher geht man über Kopfsteinpflaster an kleinen Bäcker- und Fleischerläden vorbei. Neben einem mit Weiden begrünten Anger steht eine Backsteinkirche. Nur noch die Spitzen des Plattenbaugebirges ragen als Zitate der Großstadt in das idyllische Bild, so daß man sich Berlin mitten im berühmt-berüchtigten Beton-Bezirk auf unwirkliche Weise entrückt fühlt.

Der Salon-Eintritt von fünfzehn Mark ist erschwinglich, denn das Marzahner Bezirksamt finanziert die Gastgeberin und ihre Geselligkeit im sogenannten »KulturGut«, einer im ursprünglichen Stil des Dorfes wieder aufgebauten Scheune mit Klinkerhof. Kurkhaus hatte am 1. Juli 1990, dem ersten Tag der Währungsunion, eine Werkstatt im zum Gut gehörenden Atelier-Hof zugewiesen bekommen. Während die meisten Maler ablehnten, schlug Kurkhaus hier ihr Nachwende-Domizil auf, malte Aquarelle mit dem Titel »Versuch Hochhäuser zu beleben« und

Im »Atelier-Salon«:
Salon-Managerin Gisela Kurkhaus-Müller
und ihre Tochter Frizzy Kurkhaus

richtete ihre ersten Salons nach dem kulturkulinarischen Konzept in der Veranstaltungsscheune aus.

Seit Oktober 1993 lädt der »Salon in Beton« sechsmal im Jahr die Besucher ein und ist die Mutter aller Kurkhausschen Salons. »Den Titel finde ich witzig«, sagt eine Besucherin im hellgrünen Abendkleid. »'Salon in Beton‹ ist ja ein Widerspruch an sich. Ich find's aber gut, daß man gerade in Marzahn versucht, mit dem Beton-Image zu spielen, denn das macht die Leute neugierig. Es gibt hier wenig Gelegenheiten auszugehen, auch keine Gaststätten mit einem besonderen Flair.«

Die Gäste kommen in glänzenden Blusen und frisch gestärkten Oberhemden in den Salon. Es sind nicht die Alt-, sondern die Neu-Marzahner aus den Plattenbauten, die sich feingemacht haben für den Abend. Erwartungsvolle Stille herrscht bei der Begrüßung an den gut besetzten Tischen vor der Bühne, auf der eine Vase mit lachsfarbenen Rosen und blühende Kastanienzweige stehen. Im Publikum ist auch Kurt Schwaen mit seiner Frau und einige Stammgäste aus Grünau. Nach dem Programm »Barbara Dittus liest Inge Heym – Geschichten aus einem untergegangenen Land« soll es Spezialitäten aus der DDR-Küche geben. Auf dem schmalen Büffet warten Soljanka samt saurer Sahne und Buletten mit Ketch-up aus dem »Restaurant Kastanienhof«, das von den ehemaligen Chefs der »Müggelseeperle« und des »Rübezahl« betrieben wird. Als Hintergrunddekor säumen deshalb auf Staffeleien die Plakate den Raum, die Kurkhaus-Müller in Vorwende-Zeiten zu Anlässen wie »Party total in Rübezahl« oder »Varieté am Müggelsee« entworfen hat. Das DDR-Déjà-vu-Gefühl ist perfekt, als Barbara Dittus die Bühne betritt und sich an den Lesetisch mit Kerze setzt. Die meisten kennen die Schauspielerin, deren Markenzeichen einst die blonden kurzen Haare waren, vom Kabarett »Die Distel«, aus den Fernsehfolgen »Polizeiruf 110« oder als Richterin in dem Film »Meine Frau Inge und meine Frau Schmidt«. Jetzt trägt Dittus schulterlanges graublondes Haar, und man erkennt sie zuerst an ihrer herben Stimme wieder. Um das noch immer in konzentrierter Erwartung verharrende Salon-Publikum ein bißchen aufzulockern, erzählt sie, wie sie mit Kurkhaus-Müller als Oberschülerin in einer Schweriner Sekt- und Weinkellerei Sektflaschen zugekorkt hat: »Die dort in dem Gewölbe gearbeitet haben, die hatten einen Heidenspaß uns zu sagen, trinkt doch mal'n Schlückchen und macht'n bißchen Zucker ran, ist bissel sauer der Sekt. Und ich bin am ersten Tag ans Tageslicht gekommen und umgefallen. Das war mein erster Rausch sozusagen.« Als Kurkhaus sagt, daran könne sie sich nicht mehr erinnern, erwidert Dittus, es wären ja nicht alle so bekloppt gewesen wie sie. Im Zuschauerraum wird zum ersten Mal gelacht, das Eis ist gebrochen.

»Geschichten aus einem untergegangenen Land« ist der Titel, den Inge Heym ihren in den achtziger Jahren entstandenen und unveröffentlicht gebliebenen Texten gegeben hat. »Eigentlich wollte Inge Heym mit hier sein«, sagt Dittus und blickt ernst über den Rand ihrer Lesebrille, »aber Stefan Heym liegt im Krankenhaus im künstlichen Koma. Weil sie jeden Tag zu ihm fährt, bittet sie, daß man sie entschuldigt.« Nach der ersten in schnoddrigem Berlinerisch verfaßten Geschichte von einem lebensuntüchtigen Künstler, dem immer wieder die Frauen davonlaufen, bis er auf Anraten seines Nachbarn einen Trabbi fährt, spielt der Salon-Pianist das Stück »Versunkene Kathedralen«.

Als Dankeschön bekommen Dittus und der Klavierspieler nach ihrer einstündigen Darbietung je eine lachsfarbene Rose, während die Gäste zum Büffet strömen. Die große Schüssel mit Soljanka ist als erstes leer, als hätte man hier des Grundnahrungsmittels der DDR-Gastronomie lange entbehren müssen. Von diesem Heißhunger abgesehen, hat es selten ein so diszipliniertes, aufmerksames und dankbares Salon-Publikum gegeben. »Das sind zum Teil Marzahner«, beschreibt Kurkhaus ihre Besucher, »die noch'n aktives Berufsleben haben. Die sind auch meine potentiellen Gäste für Grünau, und ich habe gleich ein paar Visitenkarten einkassiert.« Die Besucherin im hellgrünen Abendkleid, die das erste Mal im »Salon in Beton« war, weil sie Barbara Dittus erleben wollte, möchte wiederkommen: »Das Gute daran ist, daß ich jetzt zu Fuß nach Hause gehen kann. Ich wohne in einem der Elfgeschosser im siebenten Stock und gucke von dort immer auf das kleine Alt-Marzahn.«

In der »Dachkammer« erzählt Kurkhaus-Müller von ihren neuesten Ideen. Mit der geplanten Reihe Marzahn – Hellersdorf (»Heller Salon«) – Grünau will sie im Osten Berlins eine Salon-Peripherie aufbauen. Beim nächsten Atelier-Abend wird es einen »Kräuter-Salon« mit Kräutern in großen Kübeln geben, die zu ausgefallenen Saucen gekostet werden können. Ihre letzte Inspiration hatte die Salonière gestern im »Friseur-Salon«. Bei Jörg Prüsse, einem bekannten Ostberliner Friseur, der schon Monica Lewinsky sowie Julia Roberts frisiert und über sein Leben ein Buch geschrieben hat, skizzierte sie unter der Trockenhaube die Kundinnen. »Und da dachte ich, das muß doch Spaß machen, wenn ich den in den Salon setze, der frisiert jemanden und dann noch passende Musik und passendes Essen drumherum. Er stellt sein Buch vor und ich meine Friseur-Edition.« Nachdem sich nun herausgestellt hat, daß Prüsse aus Stralsund kommt, plant sie dort einen Salon im Kloster-Museum: »Weil ich mir vorgestellt hab, daß man in dem Museum, wo auch alte Frisuren ausgestellt sind, 'ne Beziehung zu etwas Besonderem findet.« Und sollte Doris Schröder-Köpf tatsächlich nach dem Umzug in die Hauptstadt ihren Berliner Salon eröffnen, würde Kurkhaus-Müller gern die bildende Kunst managen. Zum »Salon im Kloster« käme dann noch der »Salon in der Kanzlervilla« als Neu-Zugang in der expandierenden Salon-Kette hinzu.

»Kunstsalon Bel Etage« in Pankow

»im garten eden bieten adam und eva ihre früchte und speisen dar«, hatte die Einladung zum »Kunstsalon Bel Etage« in modernistischer Kleinschreibung verheißen. »Wo ist denn meine Eva?« ruft Adam laut über den Flur. Auf seinem gutgebauten nackten Körper schimmert durchsichtiges Zellophan. »Transparenz« lautet der Titel von Hannelore Köppels drittem Kunstsalon, wo sie Literatur, Musik, Bildende Kunst und Performance in ihrer Pankower Wohnung verbinden will.

Im Flur hängt Visuelle Poesie, die mit den Begriffen »Animal-Anima« und »Schreiben-Schreien-Schrei« spielt. Über Köppels Canapé im Wohnzimmer ist die Fotoserie »Bettgeschichten« mit aufgeschlagenen Laken und zerwühlten Kissen angebracht. Im Arbeitszimmer baumeln Unter-Wasser-Porträts und Installationen blauer Plastikbeutel aus Griechenland. Die Arbeiten stammen von den beiden Berliner Kunststudentinnen Jacqueline Sorrer und Ellen Kniest, die, wie die Züricher Lyrikerin und Objektkünstlerin Ingrid Isermann, zur Ausstellungs-Eröffnung im Salon auch anwesend sind.

Überschwenglich begrüßt Hannelore Köppel, die von allen ›Hannah‹ genannt wird, ihre Gäste mit Küssen und Umarmungen an der Tür. Jeder, der es gewagt hat, zu ihrem 54. Geburtstag (von dem doch keiner wissen sollte) einen Strauß oder gar ein Geschenk mitzubringen, wird laut gerügt – und bekommt noch einen Schmatzer auf die andere Backe. Köppel trägt eine randlose Brille, ein helles fließendes Leinenkleid und an den Füßen geflochtene Sandalen. Das rötliche Haar wird von einer silbernen Spange zusammengehalten. Über zehn Jahre hat die Kulturwissenschaftlerin in einer Pankower Galerie gearbeitet, wo sie auch ihren ersten Salon veranstaltete. Von der Galerie hat sie sich inzwischen im Unfrieden getrennt. Nachdem sie arbeitslos wurde, holte sie sich 1998 ihre Verkaufsausstellungen, die sie immer mit einem Kunst-

Hannah Köppel in ihrer Wohn-Galerie

salon eröffnet, in die eigenen vier Wände. Sie glaubt, daß sich Kunst in einer wohnlichen Umgebung besser genießen und – vermarkten läßt.

Nachdem sich die Besucher zaghaft in ihrem Wohnzimmer versammelt haben, eröffnet die strahlende Köppel offiziell den Kunstsalon und begrüßt auch eine Salonièren-Kollegin, deren Name ihr aber bei der Vorstellung plötzlich entfällt. »Gisela Kurkhaus-Müller«, erhebt sich die Angesprochene, die ihre Geselligkeiten in Grünau und Marzahn veranstaltet, und hilft ihr aus der Patsche. Unter die Gäste haben sich nun auch Adam & Eva gemischt. Eine Besucherin begutachtet neugierig die Tattoos auf Adams Armen. »Das im Nacken«, dreht er ihr stolz den Rücken zu, »ist gestern gerade frisch gestochen worden!« Die beiden knackigen Twens – er hat kurzes schwarzgefärbtes, sie hat kurzes rotgefärbtes Haar – sollen wohl das biblische Paar des ausgehenden 20. Jahrhunderts verkörpern.

Nachdem eine junge Musikerin und ihr Begleiter auf E-Gitarren zur Begrüßung ein sanftes Salon-Stück gezupft haben, ergreift eine Bamberger Kunstwissenschaftlerin das Wort. »Zwischen den Kachelöfen, Buchregalen und Tischen dieser Wohn-Galerie bei Hannah Köppel wirkt die Kunst dezent und dennoch eigen, da sie einen Break zum angestammten Ambiente setzt«, beginnt sie ihre Rede. Als sie in bezug auf die Plexiglasobjekte von Ingrid Isermann mit dem Titel »PREDETERMINED TIME« betont, daß die Kunst von Frauen wieder mehr Einfluß haben müsse, klatscht Hannah Köppel begeistert Beifall. Mit einem Blick auf die Nachbarschaftshilfe in Sachen »Kunstsalon Bel Etage«, dem sie eine »glänzende Zukunft« wünscht, sagt die Vortragende abschließend, es seien vor allem die starken sozialen Beziehungen im Osten, die sie immer wieder faszinierten.

Köppels Flurnachbarn machen es möglich, daß der Bel-Etage-Salon seinen Namen verdient. Bevor man in die Salonräumlichkeiten kommt, geht man in die Wohnung von Familie Rätzel. Dort ist das Wohnzimmer zur Garderobe umfunktioniert (es gibt echte Garderobenmarken), in der Küche wird noch am Büffet gefeilt. »Das ist das besondere, kleine Stückchen Kultur, das wir durch den Salon miterleben dürfen«, betont die korpulente Frau Rätzel, die als Sekretärin in einem Versicherungsbüro arbeitet. Ihr erwachsener Sohn thront als Salonwart auf dem ersten Treppenabsatz des Gründerzeithauses hinter einem Tischchen und kassiert den Eintritt von fünfunddreißig Mark. Herr Rätzel im weißen Oberhemd wird derweil in der Küche gebraucht. Offenherzig zeigt seine Frau noch ein anderes Zimmer der Wohnung, das über und über mit Bildern der Nachbarin vollgehängt ist, weil diese jetzt freie Wände braucht. »Unser Arbeitszimmer«, sagt Frau Rätzel, »ist dadurch viel schöner geworden.« Bei diesem Stichwort kommt Hannah Köppel von gegenüber in den Flur gerauscht. »Frau Rätzel und ich«, sagt die Salonière und legt der Nachbarin beherzt den Arm um die Schultern, »sind beide Stiere, haben heute gemeinsam Geburtstag, wohnen seit über zwanzig Jahren in diesem Haus und haben auch unsere Kinder zusammen großgezogen.«

Nach dem Begrüßungsritual strömen die Gäste vom Köppelschen Wohn- in das Büffet-Zimmer, in dem Isermanns Glasobjekte auf Spiegelflächen stehen und das »Kunstessen« angerichtet ist. Die kleinen Eß-Kunstwerke sind in Schalen, auf Tellern, Platten und Podesten im ganzen Raum verteilt und tragen auf kleinen Fähnchen Namen wie »Erotische Bussis« (Erdbeeren), »Knospende Liebkosung« (Spargelspitzen) und »Errötende Jungfrau« (rote Grütze mit Vanillesoße). Eine Walküre im roten Abendkleid mit langer weißer Perlenkette sorgt, sobald »Untergang der Seeschlange« und »Atem des Balkans« leergegessen sind, behende für Nachschub aus der Rätzel-Küche. Sie wird im Programm als »Cuisinière« bezeichnet und namentlich genannt. Die Bezeichnungen der Gerichte würden ihr beim Speisenkreieren einfach zufliegen. »Heute«, sagt die Cuisinière mit Blick auf Adam & Eva, die sich unterdessen als lebende Figuren zwischen

Fliedersträußen und Obstschalen »Erotische Bussis« in die Münder schieben, »soll es ja vor allem um etwas Sinnliches gehen. Deshalb gibt es auch aufgeschnittene Apfelsinen, Bananen und ausnahmsweise Brötchen statt Toast.« Während Eva lasziv mit der Zunge am Rand einer Obstschale entlangleckt, beginnt eine attraktive Blondine sie zu fotografieren. Als die Salonière dazukommt, stellt sie sich ihr als Evas Mutter vor. »Das ist Evas Mutter!« ruft Köppel entzückt in den Raum. Später raunt die so in den Salonkreis Eingeführte halb-belustigt einer Nebenstehenden zu: »Als ich ins Zimmer kam und meine Tochter so sah, dachte ich, die hast du nicht geboren!« Irgendwann sind die Reserven der Cuisinière erschöpft, das Büffetzimmer beginnt sich wieder zu leeren. Eine Besucherin bedauert enttäuscht, daß sie weder von »Arielles Küßchen« (Kanapees mit Tomate, Lachs und Kaviar) noch von »Gefangener Poseidon« (Fisch in Aspik mit roten Paprikaherzen) habe kosten können.

Nach dem Essen trägt sich der Höhepunkt des Abends bei der Adam-&-Eva-Performance zu. Ein Trauerspiel für all jene, die zu weit hinten stehen. Sie können weder die Short story verstehen, die Adam viel zu leise vorliest, noch können sie sehen, was der Vorleser, der den Ellenbogen zwischen Evas geöffneten Schenkeln aufstützt und das Buch auf ihrem Unterleib plaziert, während der lustvollen Lektüre mit Eva treibt. Eine Besucherin, die das Glück hatte, ganz nah dran zu sein, klärt im nachhinein die Zukurzgekommenen auf. In Ingrid Isermanns erotischer Geschichte sei es um einen Mann gegangen, der eine Frau während des Liebesspiels ans Bett gefesselt habe. Während er sie an den empfindlichsten Stellen liebkost, ihr aber die völlige Erfüllung ihrer Wünsche zunächst versagt habe, soll Adam auch Eva immer zärtlicher gestreichelt haben. Als die Frau in der Geschichte ihrem Höhepunkt immer näher kommt, soll er – während des Lesens – seine Hand unter ihre Hüften geschoben haben. Eva habe mit geschlossenen Augen ganz entspannt vor ihm gelegen, ihren Unterleib gewiegt und dabei leise gestöhnt. Für einen

Moment, sagt die Besucherin, habe tatsächlich ein Hauch von Erotik in der Luft gelegen.

Nach dem Abklingen der vorgezeigten Erregung pilgern die Salongäste ziellos durch die Räume und von der Köppel- in die Rätzel-Wohnung und zurück. Einige sitzen rauchend auf den Stufen im Treppenhaus oder allein in den Zimmern herum. Eine Besucherin, die einmal Malerin war und jetzt eine Boutique in der Oranienburger Straße in Mitte betreibt, verteilt nachtblaue Werbe-Postkarten mit einem Orakel. Ein kleiner spanischer Maler, der in Köppels erstem Privat-Salon »Begegnungen – Malerei und Skulptur« seine Bilder zeigte, versucht mit allen jungen Frauen zu flirten, die größer sind als er. Eine Münchner Malerin verkündet, sie wolle nun in der bayrischen Landeshauptstadt einen Salon initiieren und suche nach Ideen für ein Thema und einen geeigneten Ort. »Fragen Sie doch mal in den Schlössern nach«, rät ihr die salonerprobte Kurkhaus-Müller. München habe doch mit seinen Salons Tradition, beharrt die Bajuwarin, die einen funkelnden Marienkäfer auf ihrem roten Pullover trägt. Habe man nicht auch von Hitler gehört, daß er gerade aus den Münchner Salonkreisen unterstützt worden sei? Und sei etwas Jüdisches nicht ein gutes Thema? fragt sie in die Runde.

Während die ersten in der Rätzelschen Wohnzimmergarderobe ihre Mäntel holen, gibt es noch einen kulturellen Nachschlag. Eine sehr intellektuell wirkende Besucherin mit aufgestecktem Zopf und Nickelbrille erscheint plötzlich mit gelöstem Haar im orientalischen Kostüm einer Bauchtänzerin. Diese Einlagen haben in den Berliner Salons ohnehin Hochkonjunktur, wobei die Tänzerin einen besonderen Drahtseilakt wagt. Sie ist nicht mehr jung und ihr Bauch schlägt bereits Falten, das dunkel gefärbte Haar wächst grau im Ansatz nach. Nachdem die Musik begonnen hat, starren manche vor Schreck nur auf die Füße der Möchtegern-Haremsdame, die sich doch sinnlich und grazil zu bewegen versteht. »Zu einer Bauchtänzerin gehören straffe Haut und ein Tanga unter

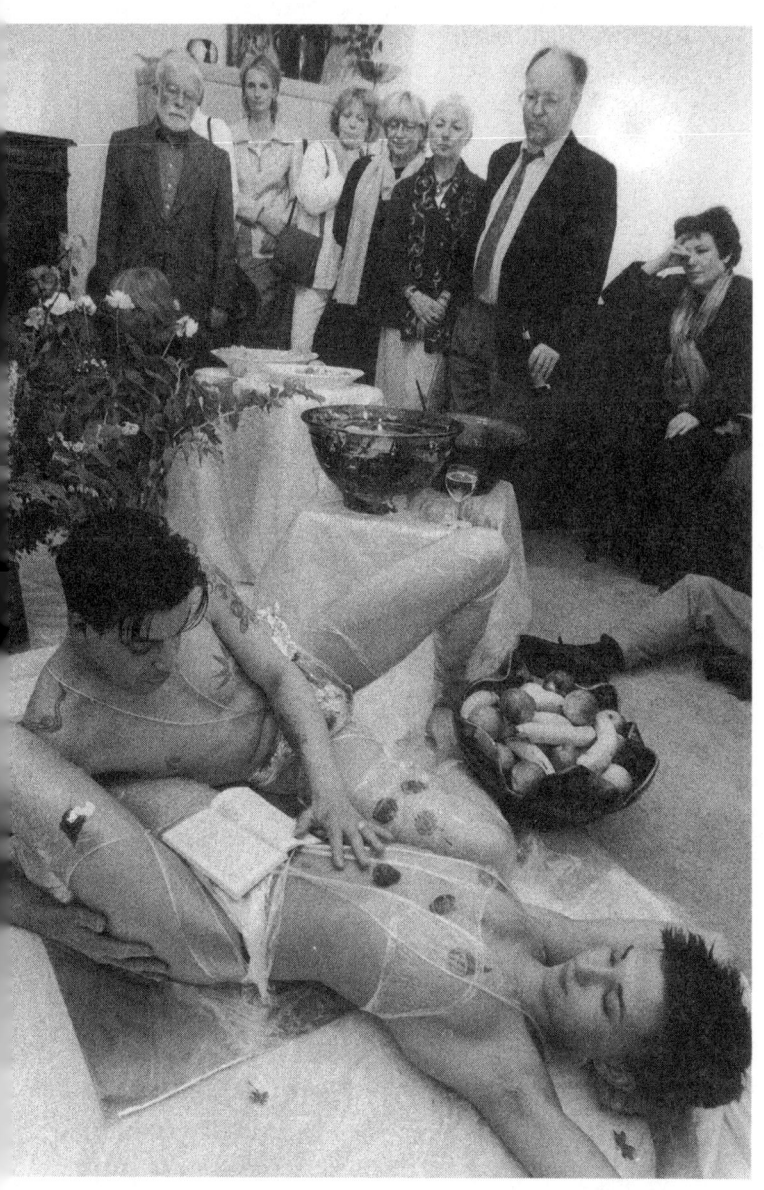

Adam-&-Eva-Performance im »Kunstsalon Bel Etage«

dem durchsichtigen Rock und keine weiße Baumwollunterhose«, mokiert sich eine Besucherin danach. »Ein verrücktes Huhn«, kommentiert ein anderer die Tänzerin, die ihre Einlage auch als Geburtstagsgeschenk an die Gastgeberin versteht. Die Salonière hat das ihr dargebotene Präsent allerdings aus sicherer Entfernung entgegengenommen.

Im 18. und 19. Jahrhundert erfreute sich der literarische und künstlerische Dilettantismus in der spielerischen Atmosphäre der Salons großer Beliebtheit. Die alten Salonièren, wie die Gräfin d'Agoult, gaben den Amateurleistungen ihrer Freunde innerhalb der Geselligkeiten Raum. Die Einlagen der klavierspielenden Diplomaten, malenden Dichter oder poetisierenden Politiker hatten aber häufig ein hohes Niveau. Das Spielerischste in den neuen Kunstsalons ist eher der Anspruch, einen Salon so zu inszenieren, wie man sich die alten Geselligkeiten vorstellt. D'Agoult hatte vor mehr als hundert Jahren geschrieben: »Der Salon war das höchste Ziel der Pariserin, die Genugtuung ihrer reifen Jahre, der Ruhm ihres Alters.« Ob man das eines Tages auch über die neuen Berliner Salonièren schreiben wird?

Hannah Köppel will in ihrem Pankower Salon vor allem Kultur und Kulinarisches verbinden. Das Essen soll dabei zu einer neuen Kunstform erhoben werden und der so apostrophierte Salon ein innovatives Betätigungsfeld bieten, mit dem es sich zu öffentlicher Anerkennung bringen läßt. Gisela Kurkhaus-Müller, die dieses Konzept als erste verfolgte, ist im Zusammenbrauen der künstlerischen Ingredienzen stil- und rezeptsicherer. Bei Köppel dagegen muten Ausstellungsstücke, Adam-&-Eva-Performance und Cuisinière-Büffet eher wie ein buntes Sammelsurium an. Die Grenzen des guten Geschmacks werden in dem Bemühen ausgereizt, den Besuchern das ganz Besondere zu bieten. Obwohl in beiden Salons Begegnungen unter den Gästen – durch gegenseitiges Vorstellen und Zusammenführen – nicht initiiert werden, streben die Gastgeberinnen nach Berühmtheiten, um ihrer Geselligkeit zur

Blüte zu verhelfen. Zum nächsten »Kunstsalon Bel Etage« will Hannah Köppel Bürgermeister Diepgen zum Verkosten bitten. Vielleicht erhöht sich durch seine Prominenz ja ihre Besucherzahl, denn von den fünfhundert Eingeladenen hatten diesmal nur dreißig Appetit auf den Salon.

Während die »Teejungfrauen« – junge Helferinnen und Helfer aus der Köppel-Rätzel-Connection und auch Adam als Sozialhilfeempfänger Andreas im Jogginganzug – das Büffet-Zimmer aufräumen, gehen nach und nach die Gäste, die die Salonière so überschwenglich verabschiedet, wie sie sie willkommen geheißen hat. Einige von ihnen versprechen wieder vorbeizuschauen. Immer montags und dienstags ist die Wohn-Galerie zur Besichtigung geöffnet. Parallel zu jeder Ausstellung gibt es neben dem Salon Veranstaltungen, wie Künstlergespräche, Lesungen und eine »Teatime« mit Frau Rätzel.

VORHANG AUF FÜR KONVERSATIONSKÜNSTE

DER SALON IM THEATER

Der »Berliner Salon«
im Renaissance Theater

Die Wiedergeburt des monatlich stattfindenden »Berliner Salons« wird sinnigerweise im Renaissance Theater begangen. Das traditionelle Haus unweit vom Bahnhof »Zoo« bietet mit Plüsch, verspieltem Dekor und kostbaren Intarsienarbeiten nostalgisches Flair. Das ovale Bruckner-Foyer, das während der Aufführungen als Erfrischungsraum dient, erinnert mit seinen türkisgrünen Wänden, den schön geschliffenen Spiegeln und Kristallüstern an das Empfangszimmer der Prinzessin Mathilde. Sie hatte in ihren 1849 gegründeten Pariser Salon jeweils mittwochs die Literaten und freitags die Maler eingeladen und verköstigt. Weil es am Montagabend keine Vorstellungen gibt, wurde im Theater der erste Tag der Woche als Jour fixe auserkoren. Der Intendant Horst-H. Filohn, der regelmäßig den Salon besucht und an den das Projekt herangetragen wurde, findet alles unterstützenswert, was »mit Kommunikation zu tun hat«. Deshalb sieht er in seinem Bühnenhaus, welches das überwiegend bürgerliche Publikum mit gediegener Gegenwartsdramatik unterhält, den richtigen Rahmen für den »Berliner Salon«, der wiederum für das Renaissance Theater um Sympathie wirbt.

Die Initiatorin des monatlichen Salons, der im März diesen Jahres eröffnet wurde, hat Chuzpe, jene charakteristische Mischung aus Herzlichkeit, Dreistigkeit und Berliner Schnauze. Ihre Eltern hießen Goldmann und Eisenmann: Reina Mehnert ist Jüdin. Daß sie über die alten Salons informiert ist, beweist schon das Bild auf der Einladung. Das Gemälde »Salon de la Princesse Mathilde« schmückt nicht nur das Billett zur neuen Geselligkeit, es ziert auch das Cover des bekannten Buches »Europäische Salons – Höhepunkte einer versunkenen weiblichen Kultur« von Verena von der Heyden-Rynsch: In großbürgerlichem Ambiente mit schweren grünen Vorhängen, goldgerahmten Canapés, Palmen und Kronleuchtern ergehen sich Damen in Ballkleidern und Herren im Frack in Plaudereien. Nach dem Vorbild der alten Salons gibt es bei Mehnert auch jede Menge Salonièren und jede Menge Habitués. Mit der Rekordzahl von gleich neun Salonièren übertrifft sie alle anderen Salons in der Stadt. »Weil wir nicht mehr genügend Zeit haben, allein so eine Geselligkeit auszurichten«, sagt Mehnert, »haben wir uns zu einer Gruppe zusammengetan, wo jede reihum für einen Abend verantwortlich zeichnet.« Die gutsituierten Westberliner Salondamen, die aus ihrem Freundinnen-Kreis stammen, sind zwischen vierzig und fünfzig. Sie tragen exklusive Handtaschen bei sich und kostbare Seidentücher um den Hals. Vor ihnen auf den mit Fresien geschmückten Tischen liegt ein Autoschlüssel oder ein marmoriertes Handy. Anders als Prinzessin Mathilde verdanken sie den hohen Lebensstandard nicht den Ehemännern, sondern ihren eigenen Karrieren: Sie üben alle hochkarätige Berufe wie Studienrätin, Notarin oder Ärztin aus. Eine von ihnen ist die Besitzerin der Berliner Eisdielenkette »Eis-Hennig«, eine andere erledigt die Öffentlichkeitsarbeit für das Theater. In ihrer Freizeit pflegen die Damen kostspielige Hobbys wie Golf oder Tennis und gönnen sich sicher auch mal ein paar Tage auf der Beauty-Farm. »Weil das Studium für uns lange zurückliegt«, sagt eine Salonière, die einen eleganten Strohhut mit schwarzer Schärpe trägt, »laden wir uns Expertinnen und Experten zeitgenössischer Themen zu Diskussionen hierher ein. Das ist einfach spannender als beispielsweise zur Volkshochschule zu gehen.« Mit ihrem Salon wollen sich die Salonièren den Luxus von mehr Bildung leisten.

Reina Mehnert, die im schwarzen Kostüm und mit Perlenkette der Runde der neun Salon-Damen vorsitzt, war früher einmal Stewardess und später Journalistin für die »Welt«. Während des Salons tritt sie wenig in Erscheinung und gewinnt erst in der persönlichen Begegnung an Ausstrahlung, dann nämlich, wenn sich ihre Chuzpe völlig entfaltet. Die energiegeladene Frau mit dem dunklen Pferdeschwanz und den kräftigen Händen kann einen in kürzester Zeit mit Witz an die Wand reden, und man verläßt sie nicht, ohne neue geschäftliche Ideen mit nach Hause zu nehmen. Von sich selbst behauptet sie in diesem Gespräch: »Ich bin eine ungewöhnliche Jüdin.« Zwar sei sie Mitglied der jüdischen Gemeinde, aber sie habe einen nicht-jüdischen Mann geheiratet, sich später scheiden lassen und lebe nun mit einer Frau zusammen. Mehnert, die nach dem Journalistinnen-Job eine Marketingfirma betrieb, gibt heute die Internet-Zeitschrift »Jewish Berlin« (www.jewish-berlin-online.com) heraus, die sich vor allem mit jüdischer Literatur und Kultur in der Hauptstadt befaßt. Nach eigener Auskunft arbeitet sie täglich mehr als zehn Stunden am Computer, und obwohl das Internet ihr eigenes Berufsfeld geworden ist, klagt sie über die Informationsflut, die die neuen Medien mit sich bringen. »Man kommt nach der Arbeit müde nach Hause, legt die Füße hoch und sitzt teilnahmslos vor dem Fernseher.« Mit dem Wunsch nach Sondierung des Überangebotes und nach dem persönlichen Austausch darüber, was für den einzelnen aus der Fülle noch relevant ist, sei ihr die Idee zum »Berliner Salon« gekommen. »Der ›Salon‹ ist ein eingeführter Begriff, ein Zauberwort, das man nicht erklären muß«, sagt sie, die in der Ausrichtung ganz unterschiedlicher Geselligkeiten erfahren ist: 1992 hat sie die »Berliner Tafel« (von Läden gespendetes Essen für Obdachlose) und 1995 das »Après Bureau« im Kempinski-Hotel (Büffet mit Kulturbeilage für Geschäftsleute) organisiert. Jetzt initiiert sie den »Berliner Salon«. Sie räumt allerdings ein, daß die wenigsten ihrer Salongäste etwas von Henriette Herz oder Rahel Varnhagen wissen. »Aber man weiß, daß man sich schon früher in den Salons getroffen hat und das hieß: man war ja wer«, sagt sie und lacht schallend.

Um Habitué, das heißt Stammgast im »Berliner Salon« zu werden, muß man die stattliche Summe von dreihundert Mark berappen. »Das ist kein Verein«, weist die Initiatorin entschieden die Frage zurück, »sondern eine freiwillige Gruppe, die sich einen Stuhl bestellt.« Aber selbst wenn man Habitué ist, muß man sein Vergnügen langfristig planen, denn einige Tage vor dem Termin ist Anmeldeschluß. Spontane Salonbesuche fallen damit aus, und Varnhagen würde sich auf ihrem Kirchhof im Grabe umdrehen, wenn sie das wüßte. Vierzig zahlende Stammgäste hat der »Berliner Salon« bis jetzt, und mehr als fünfzig sollen es nicht werden. Wenn jeder von ihnen in Begleitung kommt, was die Mitgliedschaft zuläßt, ist der Bruckner-Saal überfüllt und gepflegte Konversation nur noch schwer zu realisieren.

Die Premiere, zu der über dreihundert Gäste kommen, gibt Mehnert mit der Bezeichnung des »Salons« als *Zauberwort* recht. Wegen des Andrangs muß man vom Bruckner- in den Theater-Saal ausweichen, auf dessen Bühne die Schauspielerin Judy Winter zur festlichen Eröffnung einige Lieder aus ihrem aktuellen Marlene-Dietrich-Programm singt. Die Salonière Hiltrud Bahner von Hoffs hält einen Einführungs-Vortrag mit dem Titel »Salon kontra Internet«. »Das Thema deutet einen entschiedenen Antagonismus zwischen zwei weit voneinander entfernten Begriffen an. Die disparaten Institutionen haben einen gemeinsamen Nenner, nämlich Verbindungen und Kommunikation zwischen Menschen herzustellen«, eröffnet die Salondame ihre Ansprache, in der sie ebenfalls den informativen »Overkill« durch die neuen Kommunikationsmittel kritisiert, weil er eine kreative Gesprächskultur zunichte mache. Zum Schluß faßt sie das hochgesteckte Ziel der Salonièren zusammen: »Im Salon wollen wir die Konversation wieder zum Kunstwerk, das Gespräch zum Kulturgut schlechthin erheben – bei absoluter Freiheit der Rede, ohne zeitliche Bedrängnis, ohne Profilierungszwänge und utilitaristische Zweckorientiertheit.« Daß sie mit dem Hinweis auf die wiedererwachte Berliner Salonkultur ausschließlich auf Sombarts Geselligkeit und seinen Ausspruch von der Sehnsucht der Berliner nach dem Salon als Phantomschmerz an der Stelle, wo es in der Stadt keine Oberschicht mehr gibt, Bezug nimmt, verrät indirekt den heimlichen Wunsch der Salonbegründerinnen, diese Spitze der Gesellschaft wieder selbst zu verkörpern.

»Berliner Salon« im Renaissance Theater:
Salongast, Salonière Katja Maristany-Klose,
Salon-Initiatorin Reina Mehnert

Die zum dritten »Berliner Salon« eingetroffenen Gäste
wirken denn auch wie gut betuchte Charlottenbürger.
Diesmal hat die Salonière Katja Maristany-Klose zu
dem ungewöhnlichen Thema »Existenzfalle Bank« eingeladen. Statt dreihundert sind nur dreißig Gäste gekommen, einige Stühle im türkisgrünen Saal bleiben leer.
Weil Maristany-Klose keinen fachkundigen Referenten
für ihren Abend gefunden hat, übernimmt sie als Notarin
selbst den Einführungsvortrag, in dem sie eigene und
Konfliktfälle von Klienten in Finanzgeschäften darlegen
möchte. Wer frei ist von der Sorge, zuviel Geld zu besit-
zen, für den bleiben Ehegattinnen-Bürgschaft, Eigenkapi-
talhilfe und Rentabilitätsberechnung allerdings böhmi-
sche Dörfer. »Die Damen und Herren, die hier versammelt sind«, sagt ein Gast in der anschließenden Diskussion, »denen geht es ja nicht um eine warme Mahlzeit.«
Gegenseitig tauscht man Tips aus, wo in den neuen Bundesländern noch lukrative Existenzgründungsdarlehen

winken. »Gehen Sie nicht nach Potsdam, gehen Sie nach Cottbus, da kriegen Sie mehr!« rät ein beleibter Mann mit Pfeife. Ein anderer möchte das leidige Problem der Klein-kredit-Gewährung von fünfzigtausend Mark noch einmal aufgreifen. Obwohl im Publikum mehr Frauen als Männer sitzen, diskutieren vor allem die Besucher um den schnö-den Mammon. Nach längerem Bitten geht ein fachmän-nischer Gast sogar nach vorn, wo er sich als Mitarbeiter einer Bank ausgibt, deren Namen er zunächst nicht preis-geben will. Im maßgeschneiderten grauen Anzug und mit goldener Krawattennadel, die Linke lässig in die Hosen-tasche gesteckt, versucht er das halsabschneiderische Image der Geldinstitute in ein besseres Licht zu rücken. Selbstbewußt steht er im Zentrum der Gesellschaft, refe-riert aus dem Stegreif und parliert mit den Gästen. Un-freiwillig ist der Salongast zum Salonièr geworden – die Salondame hat sich ihre Rolle aus der Hand nehmen lassen. Zum Abschluß gibt es kleine Kanapees, die hier trendgemäß *fingerfood* heißen.

Nach dem Vortrag »Das neue Berlin – Bedrohung oder Chance« von Hanna-Renate Laurien gibt es keine Diskus-sion. Erschöpft läßt sich die ehemalige Berliner Senatorin, Bürgermeisterin und Präsidentin des Abgeordnetenhau-ses nach der Rede auf einen Stuhl fallen. Wer noch eine Frage hat, soll persönlich zu ihr kommen. Ganz am Schluß hatte die überzeugte Katholikin der Salon-Ge-meinde erzählt, daß die Bischöfe im Rheinland die Bon-ner Politiker davor gewarnt haben, mit dem Umzug nach Berlin in die Diaspora zu gehen. Die Bischöfe hätten wohl vergessen, meinte Laurien mit einem Augenzwinkern, daß auch Jesus einst in die Diaspora gekommen sei.

Statt der Referentin tritt eine Salonière noch einmal vor das Publikum. Sie möchte den Abend durch ein Kästner-Gedicht bereichern, das sie für Gelegenheiten wie diese immer im Portemonnaie hat. Es trägt den Titel »Besuch vom Land«: »Sie stehen verstört am Potsdamer Platz./ Und finden Berlin zu laut./Die Nacht glüht auf in Kilowatts./Ein Fräulein sagt heiser: ›Komm mit, mein

Schatz!«/Und zeigt entsetzlich viel Haut.//Sie wissen vor
Staunen nicht aus und nicht ein./Sie stehen und wundern
sich bloß./Die Bahnen rasseln. Die Autos schrein./Sie
möchten am liebsten zu Hause sein./Und finden Berlin
zu groß. // Sie machen vor Angst die Beine krumm,/
Und machen alles verkehrt./Sie lächeln bestürzt. Und
sie warten dumm. Und stehen auf dem Potsdamer Platz
herum,/bis man sie überfährt.« Mehnert, zunächst verär-
gert darüber, daß Laurien kein Gespräch zugelassen hat,
klatscht nun begeistert Beifall. Die ersten Gäste verabschieden sich, andere knüpfen eine erste Konversation an.

»Für mich sind dreihundert Mark viel Geld«, sagt eine
Tisch-Nachbarin mit einem grünen Tuch im Haar, die
sich als Musik-Ethnologin vorstellt und vom Salon durch
ein Faltblatt des Theaters erfahren hat. »Ich muß mich
dafür in anderen Dingen einschränken. Aber weil es
mich reizt, mich hier einbringen zu können, bin ich Habitué geworden.« »Der Jahresmitglieds-Beitrag ist wichtig«, schaltet sich die Salonière mit dem Strohhut ein,
»sonst haben wir wieder die Stammkneipe!« Dr. Ju Tap-
ken, Psychotherapeutin und mondäne Salonlöwin par ex-
cellence, trägt außer dem Hut eine Krawatte aus weißen
Perlen und an den gepflegten Händen Granat-Schmuck.
In der Linken hält sie eine lange Zigarette. Allein sitzende
Gäste bittet sie mit einer einladenden Geste an ihren
Tisch. »Der Salon ist etwas«, erläutert sie, »was ich mir
auch für zu Hause wünsche, was mir aber aus Zeitgründen
nicht gelingt. Einfach unterschiedliche Menschen zusammenzubringen, weil man sich sonst nur noch in seinen
peer-groups bewegt.« Ihr Mann sei Mitglied im »Rotary
Club«, und sie habe eben den »Berliner Salon« mitgegrün-
det. Daß er kein Frauensalon werde, wünscht sie sich mit
einem kritischen Blick in die Runde, in der zu vorgerückter Stunde ausschließlich Besucherinnen sitzen. »Die
Hälfte unserer Habitués sind Männer«, reagiert Mehnert
gelassen, »und selbständige Salonièren ziehen eben vor
allem wieder andere Frauen an.« Obwohl die Initiatorin
es demotivierend findet, daß die Salons in der Stadt mo-

mentan »wie Pilze aus dem Boden schießen«, plant sie noch einen privaten Salon, wo sie sich ausschließlich ihrem Hobby, der jüdischen Philosophie, widmen möchte.

Zuletzt kommt noch eine Wienerin im dunkelblauen Kostüm an den Tisch, die kürzlich nach Berlin gezogen ist. Weil sie begeistert ist vom Salon und gehört hat, daß demnächst »die Fanny« kommt, möchte sie auf der Stelle Stammgast werden. Im Herbst wird Dr.Theophana Prinzessin von Sachsen im »Berliner Salon« über »Aristokratie heute« sprechen. Vermutlich werden dann die Stühle nicht reichen, denn dies ist eine Frage, die hier allen auf den manikürten Nägeln brennt.

Der »Tango-Salon« im Roten Salon der Volksbühne

»Weil der Tango in den alten Salons ursprünglich nicht erlaubt war, hat sich der ›Tango de Salon‹ als eine eigene Form entwickelt«, sagt der Tango-Salonièr Michael Rühl, während er am Eingang die Gäste begrüßt. Man habe in den Salons der zwanziger Jahre weniger Platz gehabt und deswegen enger zusammen getanzt. Dabei durfte man nicht mit Kreuz- und Knickschritten zwischen die Beine der Partnerin haken, weshalb der Salontango die elegantere, weniger sportliche, aber auch die bravere Variante gewesen sei. Inzwischen hätten sich die verschiedenen Stile angeglichen, führt der ganz in Schwarz gewandete Schöneberger mit Geheimratsecken und Hakennase aus, der seit vierzehn Jahren Tangolehrer ist. Früher, als er noch als LKW-Fahrer sein Geld verdiente, ist er zum Tanzen immer nach Buenos Aires gejettet. Um den Weg abzukürzen, rief er Anfang der Neunziger die »Tangonacht« im Kreuzberger Ballhaus Rixdorf und den »Tango-Salon« in der Volksbühne ins Leben und hob eine tanzwütige Tango-Szene mit aus der Taufe. Berlin ist heute neben der argentinischen Hauptstadt die größte Tango-Metropole der Welt, in der über dreißig Studios, Salons und Tanzschulen einladen. »Tango: Zwei traurige Herzen und vier vergnügte Beine« ist das Motto, mit dem eine Karte von Rühls »Estudios Sudamerica« in Mitte für Gratis-Probestunden wirbt. »Heiratsmarkt für Akademiker« nennt man den »Tango-Salon«, der immer mittwochs stattfindet, scherzhaft hinter vorgehaltener Hand.

Viele von Rühls Tanz-Eleven sind zum sechsjährigen Jubiläums-Fest des Salons in die Volksbühne gekommen. Solange noch Platz ist, läßt man sich auf den Canapés im schummrig beleuchteten Roten Salon nieder, um die Straßentreter gegen ein Paar Absatzschuhe einzutauschen und verstohlen unters Sofa zu schieben. Die ersten Paare üben sich schon mal auf der »freien Wildbahn«, wie die öffentlichen Tanzvergnügen von den Schülern auch spöttisch genannt werden, während Salonlöwen die Witterung nach einer geeigneten Tango-Beute aufnehmen.

Kommt die Bandoneon-Musik sonst aus der Konserve, hat der Salonièr zur Feier des Abends zwei Tangoorchester eingeladen. Während die vierköpfige Hamburger Band »Tango por Cuatro« ihr erstes Set spielt, ist die Tanzfläche gegen dreiundzwanzig Uhr schon so voll geworden, daß sich die einzelnen Paare mit ihren komplizierten Bewegungen ins Gehege kommen und schlimmstenfalls zusammenprallen wie Scooterwagen auf dem Jahrmarkt. Im »Tango-Salon« entschuldigt man sich dafür höchstens mit einem Kopfnicken. Das Tanzvergnügen wird sehr ernst genommen, selten sieht man mal jemanden lächeln. »Diese Tango-Szene«, sagt eine dreißigjährige Salon-Besucherin, die gerade promoviert, »ist eine coole Szene mit einer coolen Erotik.« Eine andere Besucherin, eine Grafikdesignerin, die sich nach einer Runde erschöpft auf dem Canapé fallen gelassen hat, gibt zu, daß sie, obwohl sie schon ein Jahr dabei ist, weit entfernt davon sei, den Tango zu beherrschen. Sie habe mit dem Kurs nach der Trennung von ihrem Mann begonnen, weil sie mal wieder von einem Partner im Arm gehalten werden wollte. Liebespaare, sagen beide übereinstimmend, seien hier schon viele entstanden. Plüschiger und intimer als in einem Ballhaus ist die Atmosphäre im Roten Salon. Ein Ingenieur nennt die Salon-Gesellschaft seine Nische in der Großstadt: »Man kennt sich wie auf dem Dorf, tratscht und zieht übereinander her.«

Im Unterschied zu den anderen Salons, entspinnt sich die Konversation hier zuerst im Zusammenspiel zweier Körper zum melancholischen Klang des Bandoneons. Klar ist, daß dieses Gespräch der Mann initiiert. Er bestimmt die Eröffnung, die Richtung und das Tempo des Dialogs. Allerdings muß er zuerst herausfinden, welche Art der Unterhaltung seiner Partnerin liegt, welchen Inhalt sie bevorzugt. »Ohne diese klare Rollenverteilung funktioniert der Tango nicht«, sagt der Enddreißiger Rühl über die traditionelle Geschlechter-Inszenierung. Die größten Schwierigkeiten bestünden am Anfang darin, daß die Männer noch nicht führen könnten und die Frauen sich nicht führen lassen wollten. Im Endeffekt bleibt man dann ratlos auf der Tanzfläche stehen, das Gespräch findet ein abruptes Ende.

Der lautlose Dialog der Paare, die sich vor seinem prüfenden Auge in der rötlichen Schummerbeleuchtung und unter den Lichtreflexen einer Diskokugel übers Parkett schieben, scheint mal mehr ein Streitgespräch, mal mehr eine harmonische Übereinstimmung zu sein. Könner mit eleganten Vor- und Rückwärts-Achten tanzen neben Neueinsteigern, deren Rücken vor Anstrengung gekrümmt ist wie ein Fragezeichen. Verliebte Paare, bei denen ein erotischer Funke überspringt, drehen sich neben trainierenden Gelegenheitspartnern aus den Tangokursen. Das Alter der Tanzenden reicht von fünfundzwanzig bis sechzig Jahre. Die Frauen tragen enge Hosen, Minirökke oder fließende Abendkleider, die Männer Anzug oder T-Shirt zur dunklen Jeans. Die vorherrschende Farbe des Tango-Outfits ist schwarz, nur einige wenige Tänzerinnen wagen signalrote Kleider.

Tango-Kaleidoskop im Sternenfoyer

Als die erste Live-Einlage der Band zu Ende ist, strömen die Salon-Besucher ins hell erleuchtete Sternenfoyer. Nach der schweißtreibenden Körpersprache im Roten Salon läßt sich hier mal wieder richtig durchatmen. Der Sänger von »Kriminaltango«, der sein dünnes Haupthaar über die beginnende Glatze gegelt hat, singt mit schmalzigem Timbre auf Argentinisch, während der Pianist einen Schluck aus seinem Cocktail nimmt und gelassen die Notenblätter auf dem Boden verteilt. Mühelos gelingt es der schwedischen Band, einen Hauch Argentinien in die Halle zu bringen. Auch der Salonièr macht jetzt eine Runde mit seiner bevorzugten Tanzpartnerin, die aussieht wie eine Tango-Queen. Sie trägt einen dunklen Pagenkopf im Stil der zwanziger Jahre, am nackten Oberarm einen ziselierten Reif, seidene Hosen und silberne Schuhe. In den lockenden und wieder abweisenden Gesten des professionellen Paares drückt sich die Unmöglichkeit eines gestillten Begehrens aus. Die Sicht von der Empore ins Foyer eröffnet den Blick in ein bizarres Tango-Kaleidoskop. Die sich drehenden Tanzpaare bilden auf dem marmorierten Steinparkett immer neue Ornamente.

Schillernder Höhepunkt des Abends ist der Auftritt des Paares »Facundo & Kelly«, die den Tango in den fünfziger Jahren in den Salons von Buenos Aires getanzt haben und seit zwei Jahrzehnten in Berlin leben. »Wer den Salontango tanzen möchte, sollte sich in einer angenehmen Umgebung befinden, sich wohlfühlen und am eigenen Tanz erfreuen«, umschreibt das an die Siebzig reichende Paar eine gelungene Salon-Kommunikation. Als die beiden mit hinreißendem Elan »Tango Vals« und »Melonga« zu tanzen beginnen, wird jeder ihrer Schritte von hundert Augenpaaren aufmerksam studiert. Während sich die Tänzer am Ende vor der enthusiastisch applaudierenden Tango-Gemeinde verbeugen, scheint die Zeit im Roten Salon plötzlich stehenzubleiben. Ob man sich in diesem Moment im Berlin der zwanziger, fünfziger oder neunziger Jahre befindet, ist nicht mehr sicher auszumachen.

»Facundo & Kelly« aus Buenos Aires im Roten Salon

Gegen drei Uhr verläßt man schwungvollen Schrittes und stolz erhobenen Hauptes den »Tango-Salon«, in dem die letzten Tanz-Paare für ihr stilles Zwiegespräch kein Ende finden.

Wer am nächsten Abend weiterplaudern möchte, kann das nebenan im Grünen Salon tun. Dort gibt es nach einer Einführung immer donnerstags »Tango Argentino«.

Der Salonabend im Grünen Salon der Volksbühne

Der Begriff »Salon« bezeichnete zuerst das Gemach, das Kabinett oder den Alkoven, in die die Damen der aristokratischen Gesellschaft ihre Gäste luden. Der erste Salon der europäischen Kulturgeschichte wird der jungen Catherine Marquise de Rambouillet zugeschrieben, die ihre Besucher Anfang des 17. Jahrhunderts im kostbar ausgestatteten Blauen Salon ihres Pariser Palais' empfing. Im Gelben Salon begrüßte dagegen die angesehene Salonière Hedwig von Olfers im Berlin der 1840er Jahre ihre Gäste, zu denen auch Bettina von Arnim gehörte.

Mit seinem über eine Wand reichenden Spiegel, den grün gemusterten Sesseln und Sofas, den verschnörkelten Deckenleuchtern und den lindgrünen Wänden ist der Grüne Salon ein dekadentes Gemach, das in dieses Jahrhundert paßt. Lange fristete er neben seinem weitaus bekannteren Bruder, dem Roten Salon, ein Schattendasein und wurde nur bei Premierenfeiern der Volksbühne entstaubt und als Tanzsaal genutzt.

Yvonne Helmbold bezeichnet sich heute als die *Impresaria* dieses Salons. Mit Tango- und Salsa-Abenden, Chanson-Salons und der Talkrunde mit Erich Böhme und Heinz Eggert, die auf n-tv übertragen wird, hat sie den Grünen Salon bekannt gemacht. Weil sie sich auch als Salonière zu inszenieren versteht, finden sie und ihr Salon, neben dem »Literarischen Salon Britta Gansebohm«, am häufigsten

Erwähnung, wenn die Medien von der Wiederbelebung der Berliner Salonkultur sprechen.

Dabei handelt es sich beim Grünen Salon, der mit dem Slogan »*Der einzig wahre Salon in Berlin*« für sich wirbt, in erster Linie um gut kalkuliertes Kultur-Management, das auf den Standort in Mitte, das Ambiente und die Renaissance dieser Geselligkeitsform setzt. Gekonnt werden die einzelnen Veranstaltungen – montags Talkshow, dienstags Frauen- oder Literatursalon, donnerstags Tango-Salon, freitags Swingin' Ballroom und sonnabends Chanson-Salon – zu einem nostalgischen Amalgam verschmolzen. Das Konzept, mit dem Helmbold 1995 von der Volksbühne einen Pachtvertrag für den Grünen Salon bekam, ist in ständigem Wandel begriffen. Daß für das jetzige Programmprofil mehrere Salonièren und Salonièrs Pate gestanden haben, wird von der im Licht der Öffentlichkeit stehenden *Impresaria* nicht ohne weiteres preisgegeben. Es stellt sich erst nach längeren Recherchen heraus.

Die dreiunddreißigjährige Yvonne Helmbold, die an ihren Salonabenden ein feminines Outfit mit Hochfrisur und fließenden Kleidern bevorzugt, ist in Ostberlin aufgewachsen. Nach dem Abschluß des Slawistik-Studiums an der Humboldt-Universität, von dem sie ein Jahr in Moskau verbracht hat, arbeitete sie als Dolmetscherin und Prokuristin zuerst mit russischen Firmen, später mit russischen Künstlerinnen und Künstlern zusammen. Mitte der Neunziger wurde sie von Freunden mit der gleichaltrigen Ulrike Dölberg bekannt gemacht, die ihre Eineinhalb-Zimmer-Wohnung in »Charlottengrad« (Wortspiel mit dem traditionell von Russen bevorzugten Charlottenburg) zur Galerie auf Zeit umfunktioniert hatte. Dölberg nannte ihre privaten Ausstellungen den »St. Petersburger Kunstsalon«, weil sie zeitgenössische Kunst aus den ehemaligen Sowjetrepubliken in Wohn- und Schlafzimmer, Bad und Küche zeigte und allmählich zur Anlauf- und Kontaktperson für zahlreiche russische Künstler wurde, die auch bei ihr logierten. Mit ihrer halböffentlichen Wohnungsgalerie erlangte sie in der russisch-deutschen Szene für kurze Zeit Lokalprominenz.

Im Überschwang der Nachwendejahre taten sich die russophile Ost- und Westberlinerin zu einem gemeinsamen »St. Petersburger Kunstsalon« zusammen und mieteten für diesen Zweck im Dezember 1994 den kleinen Festsaal der Hackeschen Höfe, die damals noch Baustelle und keineswegs im Trend waren. Neben einem »Russischen Frühstück« und einer »Märchenstunde am Samowar« stand auch das weihnachtliche Jolkafest mit russischen Musikern auf dem Programm, das vor allem Freunde ansprach.

Ein Jahr darauf eröffnete Helmbold den Grünen Salon, den sie nun ganz in der Tradition des russischen Salons verstanden wissen wollte. Sie betonte, daß es zugehen solle »wie in alten Zeiten«, womit die goldenen zwanziger Jahre gemeint waren, die in Berlin maßgeblich russische Exilkünstler wie Ilja Ehrenburg oder Wassily Kandinsky prägten. Als erstes wurde deshalb das Kabarettstück der »Blaue Vogel« von Daniil Charms wiederaufgeführt, das schon 1921 im gleichnamigen russisch-deutschen Theater in Schöneberg gespielt worden war.

Die Volksbühne machte Helmbold den Start jedoch nicht leicht. Unmißverständlich gaben ihr die Theatermacher zu verstehen, daß sie günstige Mietkonditionen habe und obendrein vom Ruf der Bühne profitiere – für den Rest solle sie nun selber sorgen. Sie waren weder bereit, die Veranstaltungen des Grünen Salons in ihr Programmheft aufzunehmen, noch stellten sie ihr die nötige Technik zur Verfügung. »Das sind eigentlich Fakten«, sagt Helmbold heute, »die jemand von vornherein zum Untergang verurteilen können.« Dennoch funktionierte der Salon unter ihrer Regie schon bald als selbständige Wirtschaftseinheit, obwohl nicht nur die Technik, sondern auch die Ausgaben für die Renovierung des Raumes, die Reparatur des Mobiliars und die Rekonstruktion der Bar aus den Einnahmen bestritten werden mußten. »Das bedeutete über Monate hinweg nur drei, vier Stunden Schlaf und

Nervenkrieg«, sagt Helmbold und nennt den Anfang »eine harte Zeit«.

Die ersten Monatsprogramme des Grünen Salons erschienen noch zweisprachig und warben auf dünnem grünen Papier für russischen Wodka. Unter der Einladung zur Eröffnungsparty am 3. November 1995 hatte es geheißen: »Ich freue mich, mit Ihnen aus diesem Anlaß sto Gramm Wodka zu trinken. Mit einem herzlichen Privet – Yvonne Helmbold.« Im Spielplan wurden neben dem »Blauen Vogel« eine »Kreml-Band«, »argentinisch-ukrainische Tangomusik« und eine »Russische Musikbar« angekündigt, bei der selbstironisch ein Wimpel mit der Aufschrift »Kollektiv der Deutsch-Sowjetischen-Freundschaft« aus DDR-Tagen auf der Theke stand.

Obwohl der »Blaue Vogel« wohlmeinend besprochen wurde, sorgte vor allem eine junge Dame namens »Palmakunkel – die singende Tellermiene« als Gastgeberin des »Grünen Mittwochs-Salons« im Berliner Blätterwald für Schlagzeilen. »musik ist grün ist ein satz mit musik« zitierte »Palmakunkel« den Dichter Ernst Jandl und lud sich jeden Mittwoch Künstler aus der Berliner Off-Varieté-Szene auf die neue Bühne ein, auf der sie eigene Ideen ausprobieren wollte. Woche für Woche packte sie sich einen Eimer mit Kleister aufs Fahrrad und beklebte die ganze Stadt mit den Grünen-Mittwochs-Ankündigungen, wobei sie immer wieder gefragt wurde, welche effiziente Plakatierfirma sie beauftragt habe. Zwischen den Auftritten ihrer komödiantischen Gäste, wie dem »Allroundgenie« Bridge Markland oder dem »Postbeamten« Hans-Hermann Thielke, die zum Auftakt »Es grünt so grün wenn mittwochs Mimen mühen« im Duett mit ihr singen mußten, trällerte sie mit einem in die Haare gewobenen Teller auf dem Kopf Chansons aus den zwanziger Jahren. Die aus Trier stammende Annika Krump, die zu dieser Zeit als jüngste Dramaturgin unter dem Volksbühne-Intendanten Castorf arbeitete und im Grünen Salon als »Frau Kunkel« zwischen Vamp, Geisha und Göre in schrillen Kleidern freundlich schockierte, brachte mit Kolleginnen wie Cora Frost und Tanja Ries den Chanson in den Salon. »Ich bin noch immer begeistert von der Idee eines Salons«, sagt Krump, die heute ab und an im Roten Salon mit ihren Programmen auftritt und privat in »Juliettes Literatursalon« verkehrt. Die popelnde, rülpsende, rotzfreche »Palma« setzte als Gastgeberin, die sich selbst künstlerisch einbrachte, auf einen Salon mit »Wärme, Höflichkeit und nicht zuviel Etikette«.

Statt für russischen Wodka wird im Hochglanz-Programm des Grünen Salons inzwischen für französischen Champagner geworben. Man ist in der neuen Mitte angekommen, in der für russische Avantgarde-Kultur kein Platz mehr ist. Das kyrillische Spruchband im Treppenflur ist mit etwas Farbe überpinselt, der »Neue Berliner Chanson« dagegen ein wesentlicher Bestandteil des Programms geworden. Weil jeder Chanson auch eine Geschichte erzählt, paßt er zur Form des Salons, meinte Helmbold, und besuchte nun Wettbewerbe, um sich neben Ries und Frost weitere Chanteusen und Chansonniers, wie Wiebke Wiedeck, Carsten Golbeck oder Annette Berr, die »Hildegard Knef der Neunziger«, auf die Spiegel-Bühne des Grünen Salons zu holen.

»Ein Novum sind die ›privaten Salonabende‹«, erzählt Yvonne Helmbold, als wir in einem Café im Scheunenviertel, wo sie wohnt und ihr Büro hat, verabredet sind. Neben ihr liegt ein praller Terminkalender auf dem Tisch, alle fünf Minuten klingelt das Handy. Egal, ob sie mit einer Mitarbeiterin im Büro oder mit der Kellnerin an unserem Tisch verhandelt – sie ist energisch auf eine Art, die kaum Widerspruch duldet. Die *Impresaria* verkörpert die zeitgemäße Verbindung aus jung-dynamischer Kulturmanagerin und klassischer Salonière, die als Gastgeberin an den Abenden darauf achtet, daß das Licht nicht zu hell, die Musik nicht zu laut ist, und daß die Gäste sich wohl fühlen.

Die Idee zum privaten Salonabend sei ihr bei der »Teegesellschaft« von Nicolaus Sombart gekommen. »Wenn man mit der russischen Literatur groß wird, träumt

Gäste beim Salonabend

man als Frau irgendwann davon, einen eigenen Salon zu haben«, sagt Helmbold. »Und als ich zu Sombart eingeladen wurde, merkte ich, daß das der erste reine Salonabend war, den ich erleben darf. Ich habe dort auch viel über die früheren Salons gehört, was mich angeregt hat, so etwas im Grünen Salon zu versuchen.« Von den Einkünften und mit Hilfe von Sponsoren finanziert sie den privaten Abend, der alle paar Monate einmal stattfindet, denn im Sinne des alten Konzepts vertritt sie den Standpunkt, daß ein richtiger Salon keinen Eintritt kosten darf. In der persönlichen Einladung, die mit »Ihre Salondame Yvonne Helmbold« unterzeichnet ist, heißt es: »Dieser Abend ist ein Geschenk an meine Gäste, die es schätzen, in einer gepflegten Atmosphäre miteinander zu plaudern.«

Zum ersten geschlossenen Salonabend weist ein grüner Läufer mit ausgestreuten Rosen den Weg über die Treppe bis hinauf in den Grünen Salon. An der Schwelle wird man mit einem fröhlichen »Hallöchen!« von Helmbold begrüßt, die sich in ihrer Rolle als *Impresaria* sichtlich wohl fühlt. Neben dem Lächeln, das sie für alle Gäste parat hat, strahlt sie stolz erhobenen Hauptes auch eine gewisse Unnahbarkeit aus. Bis auf ihre Großzügigkeit, selbst bei knapper Kasse für diesen oder jenen Tisch eine Runde zu spendieren, ist von ihrer früheren Affinität zur sentimentalen russischen Seele nicht mehr viel zu spüren – eher schon eine Hinwendung zum freundlich-unverbindlichen Erfolgskonzept der Amerikaner.

»Das Grundprinzip ist«, sagt sie, »daß der Salon nicht offen ist, sondern daß man eingeladen wird. Und die Funktion der *Impresaria* ist an diesen Abenden wirklich keine leichte. Man muß sehen, daß alle einen Gesprächspartner haben. Dazu stehen mir zum Glück noch meine Schwester Simone und einige andere Salondamen zur Seite, so daß sich das auf verschiedene Schultern verteilt.« Schon in einigen der alten Berliner Salons konnte sich das Vorhandensein einer zweiten Salonière günstig auswirken, wie im vielbesuchten Gelben Salon von Hedwig von Olfers, deren Tochter Marie eine wertvolle Stütze ihrer Geselligkeit war. Entsprechend unterstützt nicht nur die Schwester, die professionell als Modell arbeitet und die Buchhaltung im Grünen Salon verwaltet, sondern auch die Mutter der *Impresaria* den Salon. Sie ist als älteste Salondame die Herrin der Gästeliste und Hüterin der Etikette. Wer in Jeans und Pullover zum Salonabend kommt, wird freundlich, aber bestimmt nach Hause geschickt. Neben den Helmbolds werden noch zwei weitere Salondamen präsentiert, die die Gäste zusammenführen sollen. Ihre Aufmachung mit schulter- und rückenfreien Kleidern erinnert an das Konzept von Nicolaus Sombart, für den in erster Linie die weibliche Erotik den Salon bestimmt. Die Gastgeberinnen sollten nach seiner Meinung Medium und sinnlicher Lockvogel für die um sie rivalisierenden Männer sein. Allerdings ist der Grandseigneur des Berliner Salons ein Mann und doppelt so alt wie die *Impresaria*, die für ihre Geschlechtsgenossinnen schlecht gesorgt hat. Zwar kann man sich auch als Besucherin an den schönen Damen im Grünen Salon erfreuen, aber an attraktiven, gar erotischen Salonherren gibt es wenig Auswahl. Allenfalls der Mann am Klavier strahlt Sinnlichkeit aus, doch als Gesprächspartner ist er nicht zu haben. Und Helmbolds Freund begnügt sich ganz im Sinne Sombarts damit, im Hintergrund zu bleiben, während seiner Liebsten von gutgekleideten Geschäftsmännern huldvoll Hand und Wange geküßt werden. »Es kommen Unternehmensberater«, beschreibt Helmbold ihre Gäste, »die zaubern können, oder es kommen Banker mit ihrer Frau, die sogar ihren Steuerberater mitbringen, Dolmetscher, Filmleute und Schauspieler.« Eine der anderen Salondamen ergänzt: »Wir haben das ›Estrel-Hotel‹ vertreten, den ›Tagesspiegel‹ und die ›Dresdner Bank‹, alles Kollegen, mit denen wir in der Arbeitszeit viel zu tun haben.« Auch wenn Helmbold darauf besteht, mit diesem ›reinen Salon‹ einen Treffpunkt schaffen zu wollen, »an dem man sich einfach einmal unterhält und etwas Zeit gönnt«, mag man in Anbetracht der Gäste an ein zweckfreies Geplauder nicht so recht glauben. Eher schon an eine

Nutzgemeinschaft von Arbeitspartnern, die die Form des Salons als günstige Gelegenheit betrachten, um die bestehenden Kontakte durch persönliche Begegnungen zu vertiefen. Vor diesem Hintergrund fungiert der Salon als Ort, wo finanzielles und kulturelles Kapital eine geschmeidige Allianz eingehen und die Gäste ihre neue Rolle als gesellschaftliche Oberschicht der Hauptstadt einüben.

An der Saaltür wird man von einer Salondame mit einem Glas Sekt begrüßt, im Hintergrund spielt der Mann am Klavier. Noch ist der Saal nur halb gefüllt, die Gäste sitzen etwas verloren in den Sesseln oder belauern das kleine Büffet. Die Salondame macht gerade zwei Besucherinnen miteinander bekannt. Eine von ihnen trägt ein blaues Glitzerkleid und arbeitet bei »Ford«, die andere ist eine Blondine, die bei »TV. Berlin« die Pressearbeit erledigt. Nachdem sich die Salondame wieder entfernt hat, unterhalten sich die beiden angespannt und sind erlöst, als auf der Bühne endlich etwas passiert. Dort begrüßt Helmbold salbungsvoll alle Gäste, den Pianisten und die »Nardini«-Schwestern, die kurz darauf ihre Mode-Boutique mit einer Kollektion von Abend- und Cocktailkleidern vorstellen. »Und jetzt ist das kleine Büffet eröffnet! Fürst Metternich ist bei uns genauso wie Kombucha, das neue Getränk, das hier von Ihnen probiert werden kann! Es tut gut von innen und außen! Nutzen Sie die Chance, noch schöner zu werden mit Kombucha und Fürst Metternich!« flötet Helmbold ins Mikrofon und wünscht allen einen schönen Abend.

Bisher hat es bei jedem Salon einen Höhepunkt gegeben, diesmal ist es die Modenschau. Beim letzten Mal wurde ein Gemälde enthüllt, das Helmbold bei einem polnischen Maler in Auftrag gegeben hatte. Das in grün gehaltene Gruppenbild zeigt sie umrahmt von ihren Salondamen auf einem Canapé im Grünen Salon. Den großen Ölschinken, der einen eher in den Salon der von Olfers anno 1840 zurückversetzt, könnte man einer *Impresaria* vielleicht als kleine Eitelkeit durchgehen lassen. Daß sie und alle Salondamen aber gleich zweimal in unterschiedlichen Posen abgebildet sind, macht einem die tolerante Nachsicht nicht leicht. Vielleicht ist es aber auch ein hintersinniger Fingerzeig des Malers, wenn er die narzißtischen Schönen wie in einem Spiegel reflektieren läßt. Das Gemälde ist inzwischen zum Markenzeichen des Salons geworden und schmückt die Visitenkarten der Salondamen, die Getränkekarte und auch das Programmblatt.

Nach dem jeweiligen Höhepunkt stehen die Besucher wieder etwas hilflos im Raum und ballen sich alsbald hinter der Theke. »Ich bin zum ersten Mal hier«, sagt ein beleibter Gast mit Bart, »und verfolge immer die Abende des Grünen Salons mit Erich Böhme im Fernsehen. Ich bin Steuerberater und ein sehr kommunikationsfreudiger Mensch, deshalb nehme ich solche Einladungen gerne an. Die Salons gab's ja hier schon seit dem 17. und 18. Jahrhundert bis in die zwanziger Jahre hinein, und die wurden durch die Nazis oder durch den Sozialismus kaputtgemacht.« An seinem Tisch sitzen noch zwei junge Frauen, die die Café-Bar »An einem Sonntag im August« in Prenz-

Salondamen im Grünen Salon:
Impresaria Yvonne Helmbold (rechts)
und ihre Schwester Simone Helmbold

161

lauer Berg betreiben. Weil sie dort selbst einen Salon veranstalten wollen, sind sie hier, um sich Anregungen zu
holen. »Ich hab mir gedacht, daß man die Leute, die
man einlädt, doch besser kennen muß, um die nicht
nur mit Namen und ›arbeitet dort und dort‹ vorzustellen.
Und wenn die Salondame sofort wegflitzt und die Leute
dann voreinander stehen und sagen: ›Oh, äh ...‹ – also das
würde ich auf jeden Fall anders machen«, zieht eine der
beiden das Fazit. »Es ist eine schwierige Aufgabe«, sagt die
danebenstehende Salondame dazu, »immer lächeln und
sich die Namen der Herrschaften merken zu müssen,
die man bekannt machen will. Das Allerschwierigste
aber ist, wenn man mehrere unbekannte Personen zur
gleichen Zeit unterhalten und dafür sorgen muß, daß
das Gespräch wirklich in Fluß bleibt, ohne albern zu werden.«

Für die Zukunft plant die *Impresaria* einen »Salon Me-
deco«, weil ihr Freund Mediziner ist, für dessen Büro sie
ganz nebenbei noch ein bißchen Öffentlichkeitsarbeit
macht. In diesem Herbst wird es auch einen neuen Salonabend geben, der im weitesten Sinne etwas »mit dem Thema Leben« zu tun haben soll. »Eine Salondame, die auch
auf dem legendären Salonièrenbild ist, wird mit mir zusammen diesen Abend gestalten«, sagt Helmbold abschließend im Café. »Wir haben früher unsere Ideen gemeinsam umgesetzt, und jetzt haben wir uns auch in dem
Sinne verwirklicht, daß wir beide Mutter werden. Diesen
Tag werden wir im Salon natürlich nicht als ›Muttertag‹
begehen, sondern als moderne Salonièren mit Kind, die
trotzdem Freunde, Geschäftspartner und interessante
neue Gäste einladen, um sie miteinander bekannt zu machen. Das wird ein großes Ereignis, bei dem der Sekt in
Strömen fließt.« Nachdem sie zu ihrem nächsten Termin
aufgebrochen ist, bleibt das zwiespältige Gefühl zurück,
im Gespräch eine *toughe* und verbindliche Frau kennengelernt zu haben, die sich auf der Bühne des Grünen Salons in der Rolle einer *Impresaria* gefällt und als solche
mit ihrem Hofstaat aus Familie, Salondamen und Stammgästen einen hauptstadtgerechten Salonabend arrangiert.

POLITISCHES PALAVER UND GESCHLECHTERTRAVESTIE

DER POLITISCHE SALON

»Berlin-Brandenburg 2000« –
Walter Mompers Salon

Hinter dem Namen »Berlin-Brandenburg 2000« vermutet man keinen Salon. Doch die Sekretärin von Walter Momper bestätigt am Telefon, daß der Bürgermeisterkandidat der SPD als Gastgeber einer salonartigen Geselligkeit einlade.

Seine glanzvollste Zeit hatte der Politiker in den Tagen der Maueröffnung als Bürgermeister des wiedervereinten Berlins. Mit dem signalroten Schal flimmerte er damals über die Fernseh-Bildschirme der ganzen Welt. Gut ein Jahr später brachte die erste Gesamt-Berliner Wahl der SPD eine Niederlage, und Walter Momper mußte Schal und Hut nehmen, um für CDU-Bürgermeister Eberhard Diepgen den Platz zu räumen. Sein anschließender Schritt in die Immobilien-Branche sorgte für Schlagzeilen, intern wurde sogar sein Partei-Ausschluß diskutiert. Als die Berliner SPD 1995 allerdings mit ihrer neuen Spitzenkandidatin Ingrid Stahmer auf ein Wahlergebnis von dreiundzwanzig Prozent abrutschte, bildete sich spontan ein Kreis zur Unterstützung Mompers, der seine erneute Kandidatur zum Bürgermeister erfolgreich beförderte. »Nachdem man sich ausgiebig die Wunden darüber geleckt hatte, daß man machtpolitisch in der Stadt nichts mehr zu sagen hatte«, meint die Sekretärin zur Vorgeschichte des Salons, »hat man sich eben auf die Stärken der Partei besonnen.« Der Kreis beschloß, in sozialdemokratischer Manier wieder verstärkt Veranstaltungen zu organisieren, um »Menschen zusammenzubringen und bestimmte Themen in der Öffentlichkeit zu besetzen«. Auf diese Weise sei 1996 auch die Idee des Salons entstanden. Nach sozialdemokratischer und deutscher Tradition machte man daraus gleich einen Verein, der zunächst die Länderfusion Berlin-Brandenburg programmatisch unterstützen sollte, die später jedoch an einem Volksentscheid scheiterte. Momper, der Gastgeber der heute noch bestehenden Geselligkeit, ist gleichzeitig der Vorsitzende des Vereinsvorstands. Der fünfköpfige Vorstand legt in regelmäßigen Sitzungen das Salon-Programm fest.

Der Ort der politischen Zusammenkunft, die einmal im Monat immer montags stattfindet, ist das »Willy-Brandt-Haus«, der neue Berliner SPD-Sitz in Kreuzberg, der von weitem aussieht wie ein gläsernes Flaggschiff. Im ersten Stock des Restaurants gibt es schon keine Plätze mehr. Etwa hundert Menschen sitzen an kleinen Tischen, zwischen denen die Kellner Tabletts mit Getränken balancieren. An der Fensterfront bilden drei zusammengestellte Bistro-Tische mit Mikrofonen ein Podium.

Ging es bei den letzten Abenden um Arbeitslosigkeit, Gentechnologie und Hochschulpolitik mit Auftritten der Berliner Universitäts-Präsidenten und Gästen, wie Ezard Reuter und Lothar de Maizière, so lautet das Thema des heutigen Abends »Alltäglicher Rassismus und rechte Gewalt«. Als Gesprächspartner sind Andreas Nachama, der Vorsitzende der Jüdischen Gemeinde Berlins, und Frank Jansen, ein politischer Redakteur des »Tagesspiegels«, der über rechtsradikale Vorfälle publiziert hat, eingeladen. Vom Gastgeber Walter Momper fehlt allerdings noch jede Spur. Er sei wegen eines Fernseh-Interviews noch bei der »Berliner Abendschau«, entschuldigt ihn die Moderatorin Irma Meier-Nieraad und begrüßt statt seiner die Besucher. Zur Einstimmung auf das Thema verliest sie minutenlang Zeitungsmeldungen über die rechtsradikalen Gewalttaten dieses Jahres. »Angolaner von Jugendlichen zu Tode geprügelt«, lautet die letzte Nachricht, die aktuell vom Tage der Veranstaltung stammt. »Seitdem«, sagt die Moderatorin und leitet das Gespräch mit ihren beiden Gästen ein, »gibt es keine Anfänge mehr, denen es zu wehren gilt, sondern eine Masse von grassierender Fremdenfeindlichkeit.« Als erster ergreift Nachama das Wort und fordert, daß die Öffentlichkeit stärker ihr »Nicht-Einverständnis« mit solchen Übergriffen demonstrieren solle, und ruft zu symbolischen Akten der Solidarität mit den Opfern auf. Man könnte doch, schlägt er vor, wie Stadions-Gesänge eine »Toleranz-Hymne« für die ausländischen Mitbürger singen, um die Täter spüren zu lassen, daß sie aus der Gemeinschaft ausgestoßen seien. In diesem Zusammenhang kritisiert er auch die CDU-Unterschriften-Aktion gegen die doppelte Staatsbürgerschaft. Jansen, der junge Zeitungsredakteur, appelliert gezielt an die SPD-Mitglieder, bei rechtsradikaler Gewalt mehr Zivilcourage zu beweisen und eine längst fällige Demokratie-Debatte zu führen. Während die beiden Redner ihre Ansichten darlegen, kommt es zum Einzug der Gladiatoren: Momper erscheint mit zwei Gefolgsmännern, im Publikum wird applaudiert. »Walter Momper – der Spitzenkandidat der SPD ist gerade gekommen!« kommentiert die Moderatorin das nicht zu übersehende Ereignis. Mit einem gönnerhaften Kopfnicken setzt sich der Vereinsvorsitzende an einen reservierten Tisch in der Nähe des Podiums, ihm zur Linken Wolfgang Nagel, sein ehemaliger Bausenator und neben Meier-Nieraad stellvertretender Vorsitzender des Salon-Vereins. Als selbstsichere Hausherren verschränken die Männer ihre Arme vor der Brust und lassen sich vom Kellner ein Bier bringen. Bevor das sogenannte »Programm« auf dem Podium zu Ende ist, wird Momper nach vorn gebeten. Er begrüßt die Moderatorin mit »meine liebe Irmi« und gibt noch eine Statistik über rechte Gewalttaten in den neuen Bundesländern bekannt. An erster Stelle stünde Sachsen-Anhalt, danach folgten Mecklenburg-Vorpommern, Berlin und Brandenburg. Damit ist die allgemeine Podiumsdiskussion eröffnet.

Als erstes meldet sich ein blasser junger Mann, der sich als »Ronald, Politiklehrer im Land Brandenburg« vorstellt. »Ich nenne diesen Staat Demokratie«, führt er aus, »meine Schüler nennen ihn Kapitalismus. Ich spreche von Weltoffenheit und meine Schüler von Fidschis und Kanaken.« Die Schüler, gibt der Lehrer, der ursprünglich aus Westdeutschland kommt, seiner Ratlosigkeit Ausdruck, begründeten die Ausländerfeindlichkeit mit dem ungerechten kapitalistischen System. Nach ihm erhebt sich ein weißhaariger Mann und beginnt mit den Worten: »Zunächst möchte ich mal dem Walter widersprechen!« Dieser nickt ihm aufmunternd zu, während jener fortfährt: »Rechte Gewalt ist nicht nur eine Sache der Ostdeutschen, denn in Bayern gibt es zum Beispiel genauso viele Rechtsradikale.« Eine kleine Anzahl von Leuten spendet Beifall, bevor sich Wolfgang Nagel von seinem Tisch erhebt und seinem Vorredner zustimmt. »Der Nationalsozialismus ist nicht nur ein ostdeutsches Problem«, sagt er und konstatiert eine allgemeine politische Desorientiertheit, denn die Gesellschaft unterscheide zwischen »guten Fremden«, wie den Kosovo-Flüchtlingen, und »schlechten Fremden«, wie den Auswanderern aus den ehemaligen GUS-Staaten. Er nimmt sich die längste Redezeit heraus und predigt, die zahlreichen Wortmeldungen ignorierend, wie ein Pfarrer auf seine Gemeinde herab. Die Moderatorin, die nun die Übersicht zu verlie-

Podiums-Gespräch in Walter Mompers politischem Salon:
Andreas Nachama, Irma Meier-Nieraad,
Walter Momper, Frank Jansen (v.l.n.r.)

ren beginnt, legt die Reihenfolge der nächsten Redner fest, notiert sich hektisch ein paar Namen und bittet darum, sich kurz zu fassen. Im folgenden äußern sich noch ein Schwarzer und eine Inderin, insgesamt sind höchstens fünf ausländische Besucher im Publikum auszumachen.

Mit der Definition der Abende als Salon soll ein gleichberechtigter Austausch der Meinungen suggeriert werden, doch die Veranstaltung, der das fraternisierende ›Du‹ von Parteiversammlungen beigemischt wird, unterscheidet sich nicht von gängigen Podiums-Diskussionen zu diesem Thema. Sie spiegelt vielmehr die typische Dynamik solcher Zusammenkünfte: Westdeutsche unterhalten sich über ostdeutschen Rechtsradikalismus und Deutsche über Ausländer. Zwei Drittel der Gäste sind Männer. Einige von ihnen nutzen den Abend als Plattform, um sich in endlosen Beiträgen zu produzieren, ohne auf andere Bezug zu nehmen. Die Moderatorin schafft es nicht, die einzelnen Statements zu einer fruchtbaren Debatte zusammenzuführen und einen Dialog zwischen Publikum und Podium herzustellen. Der immer wieder persönlich angesprochene Gastgeber äußert sich kaum, vielleicht in dem Bemühen, sich nicht zu sehr hervorzutun. Am Ende dürfen Nachama und Jansen, die sich längst ausgeklinkt haben, noch ein kleines Schlußwort halten. Nachama fordert abschließend: »Diese Gesellschaft muß Farbe bekennen!« und Jansen fügt ähnlich kritisch hinzu: »Auch der Westen lebt zur Zeit einen verkürzten Demokratie-Begriff.«

Nach dem offiziellen Teil ist Walter Momper als bevorzugter Gesprächspartner von Genossen und Gästen umlagert. In unserer kurzen Unterhaltung wirkt er, die Linke lässig in die Hosentasche gesteckt, wie eine Mischung aus Politiker und Kumpel. Er betont, daß er bei der Gründung des Vereins durchaus »die Berliner Salontradition im Hinterkopf« gehabt habe. Man könne hier ungezwungen zusammensitzen, nicht nur die klassischen Parteithemen besprechen, und jeder dürfe sich äußern. Immerhin habe man etwa tausend Interessenten für diese Veranstaltung auf der Liste, und etwa einhundert davon im Verein. In der Mehrheit seien es SPD-Leute, aber auch parteinahe Studenten, Gewerkschafter, Geschäftsleute und Existenzgründer. Da man aus Platzgründen nicht alle einladen könne, gebe es eine »A-B-C-Staffel«. In die erste Kategorie fallen die Vereinsmitglieder, die immer angeschrieben werden, in die zweite alle Interessenten, die regelmäßig kommen, und in die dritte die Reserve, die erst informiert wird, wenn von A oder B nicht genügend Zusagen eingehen. »Die Leute kommen«, sagt die Sekretärin am Telefon, »weil sie die Atmosphäre und weil sie Walter mögen.«

Auch wenn die Abendveranstaltung ganz salongemäß über den bekannten Gastgeber und einige Stargäste Interesse zu wecken versucht, so ist der Verein »Berlin-Brandenburg 2000« doch weniger ein Salon, als vielmehr ein probates politisches Mittel der Mitgliederbindung, das den Zeitgeist aufgreift. Die hohe Kunst einer gelungenen Gesprächsführung kommt dabei allerdings zu kurz.

Der »Queer Salon«

Die Vorbereitungsgruppe für den »Queer-Salon« trifft sich in einer Wohnung in Kreuzberg. Der nahe gelegene Görlitzer Park verschwendet sich zu dieser Zeit in herbstlichen Farben.

Die Studentenbude, auf deren Fußboden Aktenordner, Hefter und Mappen verstreut liegen, gehört einem jungen Mann mit Pferdeschwanz, den hier alle mit einem weiblichen Vornamen anreden. Er und ein anderer arbeiten in der Küche noch fieberhaft an einem Zwiebelkuchen. Einer knetet den Teig, der andere dünstet in einem großen Topf die Zwiebeln. Weil der für den Kuchen unverzichtbare Kümmel fehlt, läuft schnell noch jemand in den türkischen Laden um die Ecke. Später wird in der Runde Federweißer zum Zwiebelkuchen getrunken, dem der türkische Kümmel, der fremdartig aussieht und fremdartig schmeckt, eine orientalische Note verleiht. »Der Kuchen«, kommentiert Caren Lay, eine der Salon-Organisatorinnen, anerkennend ihr heißes duftendes Stück vom Blech, »ist eben *queer* und paßt zu unserem Thema.«

Queer kommt aus dem Englischen und bedeutet: eigenartig, seltsam, komisch, verquer. In übertragener Bedeutung wurde es in den USA als Schimpfwort für Homosexuelle benutzt. »Als man mich in der Schule *queer* nannte, wurde ich zur Zielscheibe von Anfeindung, Spott und Gewalt«, erläuterte die amerikanische Gesellschaftswissenschaftlerin Judith Butler, die als die prominenteste Vertreterin der »Queer Theory« gilt, bei einem Vortrag in der überfüllten Berliner Staatsbibliothek die Geschichte des Begriffs. Seit der Ausdruck Anfang der Neunziger eine Aufwertung erfuhr, nachdem er von politischen Aktionsgruppen in Amerika und England positiv umgedeutet wurde, ist die Wissenschaftlerin, die die Praxis mit hochkarätiger Theorie versieht, zur Heroine des subversiv denkenden akademischen Nachwuchses geworden. »*Queer* heißt heute sexuelle Identitäten als solche zu enttarnen und in Frage zu stellen und bedeutet Kritik an der gesellschaftlich verordneten Heterosexualität«, sagt Butler. Die »Queer-Nation«, zu der sich Homo-, Bi- und Transsexuelle sowie »Sexarbeiterinnen« und »Sexarbeiter« zählen, setzt sich in Abgrenzung von der Norm der Heterosexualität für die Anerkennung nicht-konformer Geschlechtsidentitäten ein.

Ein Teil der Vorbereitungsgruppe für den »Queer Salon« hat sich im kulturwissenschaftlichen Seminar »Queer trifft Feminismus« an der Humboldt-Universität kennengelernt, das von der Dozentin Sabine Hark angeboten wurde, die hier als Fachfrau in Sachen »Gender Studies« und »Queer Theory« gilt. Als im Streik-Semester 1997/98 die normalen Seminar-Strukturen außer Kraft gesetzt waren, kam der Gruppe die Idee zu einem Salon. »Wir haben uns für die Form des Salons entschieden«, sagt Caren Lay,

»weil uns der genußbejahende Aspekt daran wichtig ist. Das ist eine Erfahrung aus Politik-Formen, wie wir sie in den Achtzigern und frühen Neunzigern bestritten haben, wo Geschlechter-Politik mit so'nem Bierernst betrieben und an die revolutionäre Disziplin appelliert wurde. Im Gegensatz dazu möchten wir im Salon eine sinnliche Atmosphäre schaffen, in der man kommunizieren und politische Bündnisse schließen kann.« Um das Gesagte zu unterstreichen legt sie sich, auf der Couch des Studenten sitzend, wirkungsvoll eine Lichterkette mit kitschigen roten Rosen um den Hals. Volker Woltersdorf mit asketisch kurzgeschorenem Haar, den alle hier »Frau Doktor« nennen, ergänzt: »Wir verstehen *queer* als einen Blick vom Rand auf das Zentrum, das wir in Frage stellen wollen, wobei *queer* nicht auf Identitäten wie schwul oder lesbisch beschränkt ist. Auch heterosexuell lebende Menschen können *queer* sein und sich an so'nem Bündnis beteiligen. Eine Frage, die wir auch im Salon diskutieren wollen, ist zum Beispiel, wie eine nicht-normative, nicht-homophobe Heterosexualität aussehen kann.«

Die Salonièren-Gruppe besteht aus sechs Frauen und zwei Männern unterschiedlicher geschlechtlicher und sexueller Orientierung in den verschiedenen Kombinationsmöglichkeiten. Sie studieren in fortgeschrittenen Semestern und schreiben zum Thema »Queer-Theory« an ihren Diplom- oder Doktorarbeiten. Mit dem Salon wollen sie die Theorie auf lustvolle Weise wieder zurück in die Praxis holen. Er soll ein Forum für Leute schaffen, die die traditionellen Rollenzuweisungen der Geschlechter als problematisch empfinden und Allianzen schließen möchten, um eine politische Handlungsfähigkeit zurückzugewinnen.

Wie für einen akademischen Kreis charakteristisch, wollte man in Sachen Salon allerdings nichts überstürzen und traf sich ein halbes Jahr lang, um ein Konzept für die Geselligkeit zu entwerfen. Dafür wurden auch Salonexpertinnen konsultiert, einschlägige Bücher über die historischen Salons ausgewertet und in andere Salons ausgeschwärmt. Ob die Geselligkeit öffentlich, halb-öffentlich oder privat, ob ihre Örtlichkeit fest oder variabel, ob ein Thema gestellt werden und wie plüschig der Salon sein solle, waren immer wieder strittige Fragen, bei deren Erörterung sich die Gründerinnen und Gründer nicht allzu ernst nahmen. Sie hatten Spaß daran, sich reihum bei einem von ihnen zu treffen, sich über ihre wissenschaftlichen Arbeiten auszutauschen, sich dabei gegenseitig in dem Wettbewerb »Wer ist die beste Hausfrau bzw. Hausmann?« zu überbieten und bei kulinarischen Genüssen den zukünftigen Salon immer wieder durchzukauen.

Als es kaum noch jemand für möglich hält, ist es im Januar 1999 endlich soweit. Der »Queer Salon« feiert in einem ehemals besetzten Haus am alten Mauerstreifen Premiere. Die »Einladungspolitik« ist festgelegt: Jeder der acht Initiatoren darf acht Gäste einladen, der Eintritt ist kostenlos. Am Eingang der alternativen Kreuzberger Galerie wird man von einer Salonière im kleinen Schwarzen begrüßt. Die schillernde Gesellschaft, die sich in den über eine Treppe verbundenen und als Salon ausgeschmückten Räumen in Gesprächen ergeht, bietet ein für die alternative Szene ungewohntes Bild: Frauen in langen eleganten Kleidern, Männer mit Anzug und Krawatte. »Wir wollen im Salon die normative Kleiderordnung persiflieren«, sagt Caren Lay mit Pagenkopf und Zigarettenspitze, »und verstehen uns als ›crossgedresste Crossdresser‹!« Der Student, den alle mit einem weiblichen Vornamen anreden, hat sein kostbarstes Kleid einer Mit-Initiatorin geliehen, sie wiederum hat Volker Woltersdorf ihren maßgeschneiderten Frack überlassen. Tatsächlich sehen alle etwas in ihre Sachen hineingeborgt aus, wirken aber dennoch überraschend apart. Das Spiel mit den Geschlechterrollen wird lustvoll auf die Spitze getrieben. Eine androgyne Schönheit aus der Lesben-Szene, die es sich nicht hat nehmen lassen, im klassischen Herrenanzug zu erscheinen, ist hingerissen vom ungewohnten Anblick der eleganten Femmes und Dykes, die sie der Reihe nach zum Tanz auffordert. Im hintersten Zimmer der Galerie legt eine DJane Platten auf, ein Mann mit grüngeschminkten Augenbrauen tanzt dort schon eine Weile in einem hinreißenden Kleid allein. Es stört keinen, daß die mühsam herangeschaffte Salon-Dekoration hier ab und an herunterfällt. Der größte unter den Salon-Initiatoren nimmt sich immer wieder geduldig einen Stuhl, um die provisorischen Samt- und Stoffvorhänge mit Wäscheklammern an einer Leine zu befestigen.

In der Einladung zur Salon-Premiere mit dem Thema »Was ist eigentlich *queer*?« hatte es geheißen: »Bitte bringe einen Gegenstand mit, der für Dich ganz persönlich ausdrückt, was *queer* bedeutet!« In der Mitte des Salons steht dafür ein kleiner »Queer-Altar«, auf dem die verqueren Gaben ausgestellt und von den anderen Gästen begutachtet werden können. Neben einem in orangefarbenen Plüsch eingeschlagenen Taschenkalender findet sich hier eine neongelbe Zitronenpresse und ein Reagenzglas mit roter Flüssigkeit und angeklebten Wimpern. Jemand hat von der Straße ein Plakat mit einem Brautpaar, das für die »Hochzeits-Shopping-Messe« im ICC wirbt, mitgehen lassen und erklärt: »*Queer* bedeutet, was dieses Plakat nicht ist.« »Der Bräutigam hat ja wenigstens schulterlange Haare!« kommentiert ein Besucher unter Gelächter das Poster. Weniger Beachtung finden dagegen die Kärtchen mit Definitionen des Queer-Begriffes auf den Tischen und die an die Wände projizierten Dias und Videos zum Thema sowie ein junger Mann, der Flyer mit dem Aufruf: »antisexistisches handeln organisieren!« verteilt.

Auf der Einladung war jeder Gast zuvor einem »Queer Salon-Test« unterzogen worden. Auf die Frage: Was ist eigentlich *queer*? konnte man *beliebig/revolutionär/akademisch/politisch/gefährlich* ankreuzen und auf die Frage: Was ist ein Salon? *kleinbürgerlich/avantgardistisch/elitär/mondän/konservativ*. »Konnten Sie etwas ankreuzen? Dann herzlich willkommen im ›Queer Salon‹!« lautete am Ende das aufmunternde Fazit. »Der Salon hat uns unter feministischem Aspekt als eine weibliche Tradition interessiert«, sagt der aus dem Allgäu stammende Woltersdorf, »und auch, weil er in diesem Graubereich zwischen Privatheit und Öffentlichkeit angesiedelt ist, der ja sehr viel mit Sexualität und Geschlechterordnung zu tun hat.« »Dabei möchten wir uns nicht unkritisch auf die alte Salontradition beziehen«, betont Caren Lay, die aus dem Rheinland über die Universität in Marburg nach Berlin gekommen ist, »in der sich einflußreiche Männer versammelt haben, um an Macht und Ansehen zu gewinnen.«

Um den traditionellen Mustern zu entkommen, versucht die Gruppe den klassischen Salon zu dekonstruieren, wie Judith Butler in den »Gender Studies« die Kategorie des ›Geschlechts‹ demontiert, wenn sie zwischen »sex« als dem biologisch gegebenen Geschlecht und »gender« als den sozial erlernten Geschlechterrollen unterscheidet. Im »Queer Salon« wird vor allem die klassische Salonière in verschiedene Personen mit spezifischen Aufgaben gespalten. Eine der Initiatorinnen ist zum Beispiel die Kupplerin, an die man sich vertrauensvoll wenden kann; eine die Predigerin, die auf den feministischen Aspekt des Salons hinweist; eine die mondäne Salon-Löwin im meerblauen Abendkleid, und »Frau Doktor« als Barmann ist die zuvorkommende Verköstigerin hinter der provisorischen Theke, an der Sekt und Lachs-Kanapees zum Selbstkostenpreis zu haben sind. Am Schluß mündet der erste »Queer Salon« zwar in keiner politischen Allianz, aber in einem beschwingt-beschwipsten Tanz-Salon, bei dem die Salon-Löwin als Partnerin besonders gefragt ist.

»*Dress heterosexual or queer us!*« hatte die Einladung zum zweiten Salon mit dem Thema »Was ist eigentlich Heterosexualität?« gefordert. Auf die Frage, ob sie sich für den heutigen Abend heterosexuell gekleidet habe, antwortet eine Besucherin lachend: »Eigentlich ja. Ich hab nämlich schwingende A-Linie an, das is so'n anthroposophisches Kleidchen, das ist sehr erdverbunden und weiblich. Das trage ich immer mit ein bißchen Selbstironie, weil ›anthro‹ steht mir einfach am besten!« Und ihre

Freundin sagt: »Ich trag das, was ich sonst auch trage, und das ist für mich eigentlich Ausdruck von nicht-heterosexuell sein. Ich hab eben ein feminines Kleid an und hab mir die Haare hochgesteckt mit einer roten Rose, über die ich mich auch definiere.«

Diesmal findet der Salon im »Wein-Salon«, einer Kneipe mit Wohnzimmer-Atmosphäre statt. Wieder sind an die sechzig Gäste, zumeist Studenten und Promovenden, gekommen, die am Eingang von einer jungen Frau mit Sonnenbrille, Löwenmähne, roter Bomberjacke und gestreiften Overknees begrüßt werden, auf deren Rücken der Schriftzug »Straight angel« steht. Zu den verschiedenen Salonièren mit eigenen Funktionen sind beim zweiten Salon noch der Seelsorger, die Sexpertin und der Begleitservice hinzugekommen. Der »Straight angel« verkündet: »Für alle, die nicht wissen, wie ein sicherer Heimweg aussieht, wendet euch an mich, dafür bin ich da!«

Mit dem Vorspiel »Talk im Salon – 130 Jahre Heterosexualität« wollen die Initiatoren an diesem Abend das altbekannte Schema üblicher TV-Sendungen für ihre Zwecke nutzen. Die Frau, die bei der Premiere des Salons die Gäste im kleinen Schwarzen empfing, spielt heute den Moderator Hans Christen. Sie trägt zum roten Jackett ein weißes Hemd mit Krawatte und wirkt überzeugend als seriöser Biedermann. Die anderen Salonièren und Salonièrs sitzen als Hochwürden Friedensreich Müllert, als Medizinerin Frau Dr. Erbgut-Kupfer, als Psychoanalytikerin Frau Dr. Leid, als Ehe-Soziologe Gottlieb Herrmann, als Sexpertin Emanuelle Specht und als »Straight angel«, die als ›Frau von der Straße‹ immer wieder dazwischenfunkt, in der Runde. Bald fallen die Diskutantinnen verbal übereinander her und polemisieren mit Lust über die Probleme der Heterosexuellen als Randgruppe. Hier soll der Spieß einmal umgedreht werden. Das inhaltsreiche und gut vorbereitete Programm – samt klingelndem Zuschauertelefon und dummen Anruferfragen – wird mit Applaus und Lachsalven aus dem Publikum belohnt. Allerdings macht das vertraute Fernsehformat die

Verqueres Spiel: Psychoanalytikerin Frau Dr. Leid (Caren Lay)
und Ehe-Soziologe Gottlieb Herrmann (Andrea Bettels)

Gäste zu passiven Konsumenten wie vor der Glotze. Nach dem inszenierten Streitgespräch kommt es deshalb nicht zur erhofften Salon-Diskussion. Eine der Initiatorinnen hat die Runde vorzeitig wegen Kopfschmerzen verlassen, und überhaupt leert sich das Wohnzimmer im »Wein-Salon« sehr schnell. »Im Vergleich zum ersten Mal gab es heute viel Programm, das hat mir gefallen, weil das Thema mehr ausgefüllt worden ist«, sagt die Besucherin mit der Rose im Haar. »Das Spiel mit den *queeren* Identitäten war doch beim letzten Mal sehr viel deutlicher, das fand ich diesmal eher enttäuschend«, widerspricht ihr die Frau im Kleid mit der schwingenden A-Linie.

Ein Stammgast des »Wein-Salons«, der auf ein Bier nur zufällig zu den letzten Gästen der Geselligkeit stößt, blickt rätselnd auf die provisorische Leinwand, auf die der Diaprojektor immer wieder ein neues Zitat wirft: »*Ich fühlte mich weder wie eine Frau noch wie ein Mann, und mein Anderssein gefiel mir*« oder »*Queer is a zone of possibilities*«. Nur der Seelsorger Friedensreich Müllert, alias Volker Woltersdorf, sitzt jetzt noch mit einem kleinen Häuflein auf dem durchgesessenen Kneipen-Sofa: »Wir wollen den Salon erst mal nicht öffentlich machen«, sagt er abschließend, »und verstehen uns auch als nomadisch. Nach der Kreuzberger Galerie und dem Friedrichshainer ›Wein-Salon‹ wollen wir beim nächsten Mal wieder einen neuen Raum ansteuern, um diese Themen an Orte zu tragen, die sich sonst mit *Queer*-Fragen nicht auseinandersetzen müssen.« Vielleicht bedeutet aber weniger thematischer Anspruch am Ende mehr Gespräch und mehr *queer* im Salon.

LADIES ONLY
DER FRAUENSALON

Der »Damensalon«
der Sexpertin in Kreuzberg

»Wenn man schon hier wohnt, dann muß man in dieser Stadt auch was bewegen«, ist das Motto der seit zwölf Jahren in Berlin lebenden Laura Mérrit. Mit ihren »Hur-Tours« (Strich-Spaziergang durch Berlins sündige Meilen), ihrem »Club Rosa« (Callgirl-Ring für Frauen), ihren »Sexclusivitäten« und dem »Damensalon« ist sie eine nicht unumstrittene Institution in der Berliner Frauenszene.

Die Enddreißigerin hat es damals durch das Studium – über Trier und Frankfurt/M. – hierher verschlagen, mit einigen Zwischenaufenthalten in den USA, bevorzugt in San Francisco. Dort machte gerade Susie Sexpert mit ihren Sexspielzeugen für Frauen von sich reden. Die Idee nahm Laura Mérrit mit nach Berlin, verwirklichte sie hier unter ihrem eigenen Label »Sexclusivitäten« und nennt sich seither eine aus der Huren- und Frauenbewegung hervorgegangene Sexpertin.

Um ihren »verkaufsoffenen Businesstag« mit Begegnungen unter Frauen zu verbinden, kam ihr nach dem Umzug in die größere Wohnung die Idee für einen wöchentlichen »Damensalon«. Daß er immer freitags von zwölf bis zwanzig Uhr stattfindet, ist kein Zufall. Am Freitag, der, wie im französischen *Vendredi* noch erkennbar, der Venus gewidmet ist, soll man Laura Mérrits Ansicht nach als Sex-Stimulus Fisch essen, soll freien und Liebe machen, um sich am Ende einer anstrengenden Woche endlich etwas Gutes zu gönnen. Für einen sinnlichen Start ins Wochenende können sich die Gäste bei ihr mit stimulierenden Accessoires eindecken. Wer hier allerdings elegante Damen mit Zigarettenspitze erwartet, liegt falsch. Die Bezeichnung führt bewußt in die Irre und deutet die konventionellen Teerunden der adligen Berlinerinnen des 19. Jahrhunderts subversiv um.

Als ich zum Salon eingelassen werde, soll ich – wie jede Besucherin – zunächst im Flur auf ein kleines Zahlwerk drücken. Obwohl Laura Mérrit erst vor gut einem Jahr aus ihrer Hinterhauswohnung in Charlottenburg in die luxuriöse Dachgeschoßwohnung nach Kreuzberg gezogen ist, habe ich bereits die Nummer 7778. Mit mir ist ein Filmteam gekommen, das sich die Räumlichkeiten wegen eines geplanten Interviews mit der Sexpertin besieht, die sich in mehrfacher Hinsicht als »eine öffentliche Person« versteht.

Zuerst werden wir in das Biedermeierzimmer, den eigentlichen Salon, geführt, wo, liebevoll angeordnet, auf einem großen schwarzen Regal, auf Spiegeln, Truhen und Tischchen, das von ihr entworfene Sexspielzeug steht. Es reicht von Dildos in Nonnen-, Delphin- oder Maisform über Orgasmuskugeln bis zu Lederartikeln und erotischer Literatur. Wir schauen uns die Spielzeuge an (besonders weich: die handgenähte Vagina aus violettem Samt), nehmen sie in die Hand (besonders schwer: die Dildos aus Stahl), riechen daran (besonders duftend: Gummitücher mit einem Hauch von Vanille), kichern und staunen über die zum Verkauf angebotenen Dinge. »Das ist ein Liebhaberinnenstück für dreihundert Mark, eine uralte Masturbationsmaschine von um die Jahrhundertwende«, zeigt Laura Mérrit auf einen kleinen rechteckigen Motor, den man sich mit einer Schlaufe über die Hand ziehen muß. »Neu und ausgefallen sind dagegen die Sachen aus Amerika, dem Land der unbegrenzten ›Möslichkeiten‹, wie die Dildos aus bruchsicherem Glas zu einhundertzwanzig Mark. Da können Flüssigkeiten eingefüllt werden, Rotwein oder Champagner zum Beispiel, der ist hinterher gut temperiert!«

Die Sexpertin, die ihre Besucherinnen gern mal mit einem geschulterten Cop-Gurt an der Tür begrüßt, in dem statt einer Pistole ein Dildo steckt, ist eine geschickte Geschäftsfrau. Mit dem Salon spart sie die Kosten für einen eigenen Laden. Auch wenn der Kauf von »Sexclusivitäten« kein Muß ist, weiß sie doch, daß man mit den meisten Frauen erst über Sex ins Gespräch kommen muß, ehe sie sich etwas für ihre Lust leisten. Das Salonzimmer mit den beiden Biedermeierstühlen und einem Wandteppich mit eingeknüpftem Schäferstündchen-Motiv bietet dafür eine intime Atmosphäre. Mal seien es fünf, mal zehn, mal zwanzig Frauen, die freitags kommen, sagt Mérrit, die Zahl sei auch saisonbedingt. Der Januar wäre eher ruhig, und je wärmer es würde, desto größer sei der Zulauf. »Und unmittelbar vor Weihnachten ist noch mal Hochbetrieb!« Die einen kämen als Kundinnen, die anderen als Salonbesucherinnen, die auf der Suche seien nach Frauen zum Verlieben, die Szeneklatsch austauschen oder über Sex reden wollen. »Beim ›Schäferinnenstündchen‹ kann alles ungestört betrachtet, angefaßt, ausprobiert und nachgefragt werden. Es gibt Stammgästinnen und schüchterne Kundinnen mit all ihren Hemmungen und Klemmungen. Die wollen dann lieber erstmal allein'n Beratungstermin oder noch'n extra Stündchen oder Ründchen haben.« Allerdings werden nur die vertrauteren Besucherinnen ins Wohnzimmer gebeten und die Kauf-Interessentinnen eher im Salonzimmer abgefertigt. »Es wird Zeit«, sagt Mérrit, »daß die Frauen die Sex-Industrie in ihre Hände nehmen. In Deutschland gibt es jetzt insgesamt zwölf Sexshops, die von Frauen betrieben werden, die vielleicht noch in den achtziger Jahren einen Keramikladen eröffnet hätten.« Manchmal fährt Mérrit auch mit ihrem »Vespa«-Motorroller zu Frauenfesten oder als Überraschungsevent zu einem Geburtstag, um in einer kleinen Show, die sie »Fuckerwear-Party« (Fete, auf der Sex-Spielzeuge wie Tupperware demonstriert werden) nennt, ihre Kollektion vorzuführen.

Als das Filmteam gegangen ist, setzen wir uns zu fünft in dem loftartigen Wohnzimmer am Tisch zusammen, auf dem noch der Rollmops und die Makrelen vom zweiten Frühstück stehen. Die Sexpertin schenkt dazu schottischen Likör aus einer bauchigen Flasche ein, dreht ihr dunkelblondes Haar zu einem provisorischen Knoten und streckt sich mit einem erlösten Seufzer auf dem Stuhl aus. Wollte man sie mit den gängigen Szene-Begriffen beschreiben, würde man sie wohl eine »High Femme« nennen, da sie wahlweise Kostüme mit kurzen Röcken – mal im roten Lack-, mal im brav-karierten Sekretärinnen-Look – oder einen edlen Nadelstreifenanzug bevorzugt. Das charakteristischste aber ist ihr lautes helles Lachen, das – egal wie müde sie von ihrem erschöpfenden Anspruch ist, »eine öffentliche Person« zu sein – alle paar Minuten durch den Raum schwirrt. Ihrer Meinung nach hat das Lachen bei Frauen einen entspannenden und lösenden Effekt. Gewöhnungsbedürftig wie dieses Lachen sind auch ihre Wortspiele, wenn sie von »popolitisch« und »verbotenen Früchtchen« spricht, um »die männliche Sprache auszuziehen, im Sinne der Frauen instand zu setzen und aufzuwerten«. Vor zwei Jahren hat sie »Lauras Animösitäten und Sexkapaden – das Sexikon zur zeitgenössischen sexuellen Sprache der Frauen« herausgegeben, und im Moment schreibt die studierte Linguistin an der Freien Universität ihre »Frau-Doktor-Arbeit« über das Gesprächsverhalten von Frauen beim Sex.

Während sich eine kaufinteressierte Besucherin ein englisches Frauen-Porno-Video ansieht, plätschert das Gespräch am Tisch dahin. Es geht um Doris Schröder-Köpf, die im »Stern« nach ihrem Umzug in die Kanzler-Villa einen eigenen Berliner Salon angekündigt hat und um Mutmaßungen über das Liebesleben von Hillary Clinton. Zwischendurch klingelt immer wieder das Telefon, weil die Dildo-Dealerin einen Tag zuvor mit ihren »Sexclusivitäten« bei »Liebe Sünde« aufgetreten ist.

Auf die Frage, was sie tun würde, wenn ein Mann zum »Damensalon« kommt, meint Mérrit: »Der kann natürlich reinkommen, wenn er was für'ne Freundin kaufen will. Der Salon ist einfach nicht für Langweiler und Machotypen gedacht. Aber es gibt ja mittlerweile die Sorte Männer, die durchaus weiß, daß Sextoys zum Spielen da sind und nicht die Konkurrenz-Version. Und wenn sie das kapiert haben, dann können sie hier auch'n Kaffee trinken.«

Sexpertin Laura Mérrit im Biedermeierzimmer
ihres »Damensalons«

Später verkündet sie frohlockend in der Runde: »Vielleicht kommen heute noch ein paar Berlinale-Mädels vorbei!« Sie hofft vor allem auf die Darstellerinnen aus dem kanadischen Frauen-Liebesfilm »Better than Chocolate«, die wegen des Filmfestivals gerade in der Stadt sind. Statt dessen schaut eine sportliche Kiez-Nachbarin mit kurzem grauem Haar vorbei. Damit sie nicht alleine essen muß, hat sie sich ihr Mittagessen in der Assiette mitgebracht – so alltäglich kann ein »Damensalon« sein. Sie schätze ihn als Ort der Ruhe und Heiterkeit und vor allem wegen Mérrits gutem Kaffee. »Ich komme fast jeden Freitag hierher, um Frauen zu treffen, aber auch wegen der neuen Spielzeuge. Zur Zeit brauch ich zwar nichts«, sagt sie mit einem Augenzwinkern, »aber wenn, dann würde ich es nur bei Laura kaufen!« Eine große Mittvierziger Besucherin nutzt den »Damensalon«, weil sie nach zahlreichen Männer-Beziehungen auf der Suche nach einer Geliebten ist.

Die Berlinale-Mädels kommen dann doch nicht, und auch sonst schaut niemand mehr vorbei. Angeblich soll es auch Freitags-Salons gegeben haben, wo Künstlerinnen mit ihren Werken unterm Arm vorbeigeschaut, Autorinnen vor einer öffentlichen Lesung ihre Texte geprobt, Journalistinnen ihren Laptop ausgepackt und einen Artikel zu Ende geschrieben haben. Ich habe immer nur die gleiche Handvoll Freundinnen der Sexpertin angetroffen und ein paar Kundinnen, die in das Biedermeierzimmer hinein- und wieder hinaushuschten.

All jene, die bis gegen zwanzig Uhr ausharren, werden manchmal noch eingeladen, mit zum Italiener um die Ecke zu kommen. Dort gibt es als Spezialität des Hauses die »1-Meter-Pizza«, die neben Gemüse und Schinken auch mit Fisch belegt ist. Bei einem guten Glas Landwein entwickelt sich manchmal tatsächlich ein entspanntes offenes Gespräch über Liebes-Beziehungen und Sex, wie es im Salon nur selten stattfindet. Wenn man irgendwann die angeheiterte Runde verläßt, hat man garantiert den »Sexclusivitäten«-Katalog für fünf Mark in der Tasche, der eine Mischung aus werbewirksamem Angebot und aufmunternder Gebrauchsanweisung ist. Auch auf Mérrits Callgirl-Ring für Frauen (die Stunde für einhundertfünfzig Mark) wird hier verwiesen, von dem man munkelt, daß nur sie selbst als Nonne, Krankenschwester, Lehrerin oder Försterin bei den Liebeskundinnen mit einem Köfferchen voll edler Raritäten zum Hausbesuch erscheint. »Sex ist ein fester, auch ökonomischer Bestandteil des Frauen-Netzwerkes geworden«, heißt es im »Vorspiel« der Hochglanz-Broschüre.

Der »Künstlerinnen-Salon« von Anita Meier in Tiergarten

Eigentlich hatte alles mit ihrem vierzigsten Geburtstag im letzten Jahr begonnen. Anita Meier verschickte an vierzig Freundinnen vierzig Pralinenschachteln mit Schweizer Schokolade. Ihr Geburtstagswunsch: Man solle ihr die leeren Schachteln künstlerisch gestaltet wiederbringen. Die phantasievoll geschmückten Kästen hängen heute an einer Wand ihres Schlafzimmers und bilden ein großflächiges Gesamtkunstwerk. Man muß sie in die Hand nehmen und gegen das Licht halten, auspacken, ausrollen oder aufklappen, um ihr Geheimnis zu ergründen. So unterschiedlich sie gefertigt sind – mit einer dreidimensionalen Landschaft aus Papier, mit Sonnenblumen und transparenten Rosen bestückt, mit einem Pendel versehen oder einem eingeritzten Labyrinth – so unterschiedlich begabt seien auch ihre Freundinnen. »Ich lag dann hier auf dem Bett und hab die Schachtelwand angeguckt und dachte, jede hat soviel zu erzählen und hat so'ne eigene Kreativität. Das war dann eigentlich das Bild für den Salon.«
Seit jenem Geburtstag vor gut einem Jahr hält die gebürtige Schweizerin in ihrer großzügigen Wohnung in Tiergarten zweimal im Frühling und zweimal im Herbst ge-

meinsam mit ihrer Lebensgefährtin Sonntagabend Salon. Sie ist vor mehr als zehn Jahren aus Winterthur, wo sie eine eigene Frauenbuchhandlung führte, nach Berlin gekommen. Ihre Geselligkeit versteht sie als einen Jour fixe befreundeter (Lebens-)Künstlerinnen. Die Typografin und Bücherfrau Anita Meier, die sich in ihrer Freizeit als Objektkünstlerin und Bildhauerin betätigt, möchte ihren Besucherinnen im Salon die Gelegenheit geben, etwas aus ihrer aktuellen künstlerischen Arbeit vorzutragen oder ein Thema, dem gerade ihre Leidenschaft gilt, zur Diskussion zu stellen. Da der Salonière für den kreativen Austausch ein konstanter Kreis und eine bestimmte Vertrautheit miteinander wichtig ist, dürfen zwar Freundinnen mit in den Salon gebracht werden, aber keine Fremden.

Der Flur in Meiers Hochparterre-Wohnung ist mit Kunstrasen ausgelegt, entlang der Fußbodenleisten blühen bunte Plastikblumen. Eine weiße Magnettafel hängt an der Wand, auf der sich Hunderte von englischen Wörtern zu immer neuen Gruppen zusammenstellen lassen. Die Salonière und ihre Gefährtin tragen freche Mützen auf dem kurzen Haar und haben sich aus Jux mit Männerhemden und Hosenträgern zum Herbstsalon als Lausbuben verkleidet. Ihre Behausung läßt sich am treffendsten als Künstlerinnen-Wohnung beschreiben. Bevor man aber die Zimmer erforschen darf, muß man sich die Schuhe ausziehen. Dicke Socken und Hausschuhe liegen in der Garderobe bereit sowie das Gästebuch als Kasse des Vertrauens: Diskret soll man samt Namen einen Zwanzig-Mark-Schein hinterlassen, der als Eintritt für jeweils zwei Saison-Salons gilt. Die Gastgeberinnen wollen damit die Unkosten für die Bewirtung decken.

Um den Tisch in der Küche haben sich bereits die Raucherinnen versammelt. Regine Ulmer, die Partnerin der Salonière, schneidet roten und gelben Paprika für den Salon-Imbiß. Nach Rezepten von Hildegard von Bingen soll es, passend zum Vortrag über Frauenklöster in Brandenburg, Dinkelbrötchen mit Thymian, Kümmel und Fenchel sowie süße und gesalzene Butter geben. In einer Vase ste-

Im »Künstlerinnen-Salon«:
Salonière Anita Meier (2. von rechts)
und Regine Ulmer im Kreis ihrer Gäste

hen Löwenzahn-, Petersilie- und Dillsträuße zum Verzehr. Vor dem Küchenfenster dreht sich ein regenbogen-
farbenes Windspiel im Blumenkasten.

Zu Meiers Salonkonzept gehört, die ganze Wohnung
begehbar zu machen: »Wenn der Salon in der ›Zitty‹ stehen würde, ging's natürlich nicht. Aber ich hab das Gefühl, daß keine Besucherin in irgendwelchen Schubladen
wühlen würde. Ich liebe die Wohnung so offen. Das gibt
dem Salon eine dichte Atmosphäre, die ist lange spürbar,
auch noch danach.« Und die Lebensgefährtin ergänzt lachend im schwäbischen Dialekt: »Man weiß, man muß
zwischendurch net putze, weil man putzt vor'm Salon.
Und dann isches hinterher so wunderbar sauber, daß
man noch lange zehrt vom Salon!«

Das größte Zimmer der Wohnung ist außer ein paar
Stühlen leergeräumt. Genau in der Mitte des Raumes

hängt ein rotes Pendel von der stuckverzierten Decke. Dies sei ein Tanzpendel, erklärt Meier, das weiße im Nebenzimmer dagegen ein Malpendel, mit denen sie ab und zu Performances macht. Der Pendel-Ausschlag versinnbildliche für sie das nach draußen gehen, um Erfahrungen und Extreme zu suchen, das Einpendeln in der Mitte dagegen den Wunsch nach einem Zentrum. »Mein Salon«, sagt sie, »ist so eine Mitte für mich.« Eine ihrer Pendel-Installationen hat sie kürzlich auf einem Künstlerinnenhof in Brandenburg gezeigt. Im Gegenzug ist die mit ihr befreundete Betreiberin des Hofes, die Kunsthistorikerin Dr. Karla Bilang, heute abend mit ihrem Vortrag zu Gast in Meiers Salon.

Nachdem auch die Raucherinnen aus der Küche gekommen sind, wird es voll im Zimmer. Die meisten der dreißig Besucherinnen lassen sich auf dem grauen Teppichboden nieder und lagern auf Kissen. An der Wand leuchten von einem Dia die roten Backsteinfassaden eines Klosters. Im Hintergrund läuft mittelalterliche Choralmusik und ein Duftaroma namens »Elfenwald« verbreitet sich im Raum. Bevor es losgeht, macht noch ein silbernes Tablett mit Herbstblättern aus Schokolade die Runde.

Nach einer kurzen Vorstellung durch die Salonière beginnt Bilang ihren Vortrag. Im Zusammenhang mit den 900-Jahrfeiern des Zisterzienserordens in Brandenburg habe sie festgestellt, daß mehr als die Hälfte der Zisterzienser-Stifte Frauenklöster und diese nahezu unerforscht seien. Um dem Forschungs-Notstand Abhilfe zu schaffen, begab sie sich auf Recherche-Tour durch Brandenburg und verfaßte darüber ein Buch. Die wichtigsten Ergebnisse möchte sie den Salonbesucherinnen mit einer Bilder-Reise vermitteln. Bevor die Fahrt jedoch beginnen kann, ruft eine Besucherin entnervt dazwischen, sie werde seekrank, wenn der Dia-Apparat weiter nur unscharfe Bilder an die Wand projiziere.

Anfangs herrscht noch konzentrierte Stille im Pendel-Zimmer. Im Laufe des einstündigen Vortrags wird es dann zunehmend unruhiger im Raum. Die Frauen tuscheln und beginnen miteinander zu schwatzen, die Raucherinnen zieht es wieder in die Küche. Nach dem Vortrag gibt es nur noch eine kurze Diskussion, bevor das auf einem runden Holztisch angerichtete Von-Bingen-Büffet im Nebenzimmer belagert wird.

Eine Besucherin, die die letzte Viertelstunde schlafend auf einem von Meiers buntgemusterten Canapés verbracht hat, sagt enttäuscht: »Ich hätte gern mehr über den Alltag der Nonnen im Kloster gewußt. Wie so'ne Nonne aufwacht, worauf sie sich freut, wovor sie's graust. Die vielen Details über die Architektur waren mir zu trokken.« Eine andere Salonbesucherin, die einmal Kunstwerke von Niki de Saint Phalle bei Meier vorgestellt hat, meint dagegen: »Ich mochte mir die Fassaden gerne angucken. Das hat mich an die Kirchen in der Toskana erinnert, und ich fand es spannend, daß es hier so was gibt in naher Umgebung.« Daß der Salon nur für Frauen gedacht ist, findet sie exklusiv und einen wichtigen Aspekt für den Austausch.

Die im Salon vortragenden Künstlerinnen, wie auch die in Paris lebende Schriftstellerin Traude Bührmann, die beim letzten Mal ihr Roman-Manuskript »La vie en rose – Passagen einer Straßensängerin« mit den Besucherinnen diskutierte, sind zumeist »Veteraninnen« der Westberliner Frauenbewegung. Sie sind in den siebziger und achtziger Jahren in die Stadt gekommen, um in feministischen Zusammenhängen zu leben. In der praktischen Umsetzung ihrer Patriarchatskritik haben sie sich gegen ein Leben mit Männern und eigener Familie entschieden. Gerade für diese Frauen, die heute über vierzig sind, möchte Meier mit ihrem Salon eine Begegnungsform schaffen. Früher, sagt die Salonière mit der dunklen Stimme, sei man in größeren Gruppen in Szenekneipen ausgegangen, die inzwischen von Jüngeren okkupiert wären, während es für die Älteren kaum noch öffentliche Treffpunkte gäbe. »Ich möchte hier einfach eine Plattform schaffen, auf der es möglich ist, Unfertiges zu zeigen oder etwas, das nicht patriarchalen Kunstvorstellungen entspricht. In welche Richtung sich das bewegt, überlasse ich dem Kreis. Das kann bei vorwiegend Künstlerischem bleiben, aber es kann auch wissenschaftlicher oder persönlicher werden.« Dabei sucht sie nicht gezielt nach Referentinnen, die Beiträge kommen zumeist von den Stammbesucherinnen und geben den Anlaß für das anschließende Gespräch.

»Aktzeichnen« und »Anfertigen von Selbstbildnissen« lauten ganz anders gelagerte Angebote der beiden Frühlingssalons, die an das Konzept der kreativen Selbsterfahrung aus den Siebzigern erinnern. Die Ergebnisse der kollektiven »Zeichengelüste« werden anschließend im Pendel-Zimmer ausgestellt und miteinander besprochen. Laura Mérrit, die als selbsternannte Sexpertin ebenfalls einen Salon initiiert, wird für den späteren Abend dazu eingeladen, die Resultate ihrer »Frau-Doktor-Arbeit« über das Gesprächsverhalten von Frauen beim Sex zu referieren. Vor der Hintergrunddekoration der entstandenen Aktbilder fädelt Mérrit geschickt das Salongespräch ein, indem sie die Besucherinnen reihum zunächst nach ihren Gewohnheiten beim Einkaufen befragt und danach peu à peu zu Fragen nach ihren Sex-Gewohnheiten übergeht. Unter den gut zwanzig Besucherinnen sind an diesem Abend gleich drei Salonièren vertreten – neben Meier und Mérrit auch die »Ahoi-Salon«-Kapitänin Mahide Lein, die sich sowieso am liebsten über Sex unterhält. Mit ihrer Unterstützung kommt die Diskussion über Worte, die frau beim Sex benutzt, über Phantasien, Fremdgehen oder das provokante »Mösen-Mobil«, das eine der Besucherinnen zum »Christopher-Street-Day« mit entworfen hatte, schnell in Gang und treibt eine erhitzte Röte auf die Wangen der Diskutantinnen. Da es Meier unterläßt, dem erregten Austausch moderierend ein Ende zu setzen, macht sich irgendwann Erschöpfung auf dem Teppichboden breit. Gegen Mitternacht ist die Runde auf ein kleines Grüppchen zusammengeschrumpft, das vor dem Nachhausegehen noch erotische

Geschichten von Mérrit als Betthüpfer mit auf den Weg bekommt. »I love milk and blood like tv« und »goddess enormous summer breasts« haben zwei Besucherinnen, die schon früher aufgegeben haben, als Abschiedsworte auf Meiers Magnettafel im Flur hinterlassen.

Der feministische Salon »Mosaik«

Jede der zur Gründungsveranstaltung des Berliner Frauensalons »Mosaik« eingeladenen Besucherinnen hatte im März '98 zusammen mit der Einladung ein Kachelstückchen erhalten. Die jeweilige Empfängerin wurde gebeten, den Stein auf ihre Art zu gestalten, um ihn in den Gemächern des Grünen Salons der Volksbühne in die Platte eines Salontisches einzufügen. Das so gestaltete Mosaik sollte symbolisch für das Ziel der Initiatorinnen stehen, feministisch engagierte Frauen unterschiedlicher Arbeits- und Lebensbereiche zusammenzuführen, um in Zeiten, da die Frauenbewegung »auf den Hund gekommen« ist, wieder ein funktionierendes Netzwerk von Frau zu Frau zu knüpfen und sich »zum spaßvollen Unterwandern des Patriarchats zu verbünden«. Die fünf jungen Gründerinnen, die in unterschiedlichen Berliner Frauenprojekten, wie »Frauenkreise« oder »ZUFFS« (Zufluchtswohnungen für Frauen) arbeiten, hatten die Idee, daß der Salon nur beim ersten Mal von ihnen und bei jedem weiteren Salon von einer neuen Gruppe Salonièren organisiert wird. Sie hofften auf ein »Schneeballprinzip«, in dessen Folge sich Frauengruppen mit ihren Projekten einem größeren Kreis bekannt machen, und auf Besucherinnen, die sich auf diese Weise über neue Initiativen informieren wollen. Bei Konzeption und Finanzierungsplanung (für Einladung, Porto, Honorare und die beträchtliche Raummiete) sagten die Mosaik-Begründerinnen den jeweiligen Salonièren ihre Unterstützung zu. In einem Konzeptpapier hatte es kämpferisch geheißen: »Es fehlt ein Ort, an dem sich fernab der Zwangsläufigkeiten des Lebens querdenkende Frauen begegnen, austauschen und unterstützen können. In Anlehnung an eine weibliche Tradition möchte der Frauensalon ›Mosaik‹ diesen Ort schaffen. – Frauen nehmt euch diesen Raum, meldet euch bei uns und wir gestalten gemeinsam weitere Salons!« Der Eintritt kostet sieben Mark und alle, die sich in das am Eingang ausliegende Besucherinnen-Buch eintragen, werden wieder eingeladen.

Die Mosaiksteine – mit Fell oder Frauenaxt geschmückt, mit Schokoladenpapier oder Sternen bestückt – nahmen sich auf der dunklen Salontischplatte zunächst vereinzelt und lückenhaft aus. Auch wenn allein die Tatsache, daß mehr als hundert Besucherinnen gekommen waren, ein Bedürfnis zum fröhlichen Vernetzen zeigte, wollte die Idee des Gründungsabends nicht wirklich aufgehen. Nach einem trockenen Vortrag über die alten Berliner Salonièren forderten die Initiatorinnen dazu auf, an den Tischen »Kungelrunden« zu bilden, in denen man sich bekannt machen und Themen wie »Existenzgründung«, »Frauen und Gewalt« oder »Körpererfahrung und Traumreisen« besprechen sollte. »Es gibt absichtlich keine Podiumsdiskussion«, sagt Sylke Stübner von »Mosaik«, »keine bekannten Frauen, die Alibis bieten, sich aus der Diskussion herauszuhalten, zu konsumieren.« Die Besucherinnen wollten aber nicht so restriktiv an die Hand genommen werden, sondern lieber mit einer Tischnachbarin plaudern, einer Bekannten vielleicht, die sie hier nach Jahren einmal wiedergetroffen hatten. Etwas abseits fanden sich einige der neuen Berliner Salonièren, die ebenfalls eingeladen waren, mit einer Initiatorin von »Mosaik« zum kurzen Kennenlernen zusammen, das allerdings nicht besonders harmonisch verlief. Sexpertin Laura Mérrit hatte zum Mosaik-Tisch statt des zugesandten Kachelstückchens zwei Pflastersteine von der Straße beigetragen und Salon-Managerin Gisela Kurkhaus-Müller fühlte sich unwohl in der Runde, weil die »Ahoi«-Sa-

Frauensalon-Begründerinnen Sabine Harlos,
Dana Pelczar-Kostyra und Sylke Stübner
am »Mosaik«-Salontisch (v.l.n.r.)

lonière Mahide Lein sie zum Foto-Shooting umarmen wollte. Sowieso gab es Schwierigkeiten mit dem Fotografen von der »Berliner Zeitung«, der als einziger Mann im Raum angesichts der Übermacht des weiblichen Geschlechts verunsichert war und deshalb seine Fotos nicht mehr mit dem Auge durch die Kamera, sondern nur noch aus der Hüfte schoß. Viele Frauen mochten sich deshalb nicht von ihm ablichten lassen, am Ende saß er frustriert auf einem Hocker vor dem Eingang des Salons. Die Hausherrin Yvonne Helmbold, *Impresaria* des Grünen Salons, die der Veranstaltung ferngeblieben war, meinte später, daß sie zuerst gezögert habe, die Tore ihres Salons für »Mosaik« zu öffnen. Nach ihrem Salon-Verständnis sei sie nicht für die »harte Feministinnen-Ecke«, die Männer ausschließt.

Nach insgesamt sieben Salons hat sich gezeigt, daß die einzelne Geselligkeit so gut ist, wie die Gruppe, die sie gestaltet. Bisher nutzten den Salon Projekte wie »Beginenwerk e.V.« und »Offensives Altern e.V.« zum Thema generationsübergreifendes Frauenwohnen; die »Berliner Matriarchatsgruppe« wandelte in »Mosaik« (griech. *mousa* f. ›Kunst, Muse‹ nach den griech. Göttinnen des Gesangs, der Künste und Wissenschaften) mit ihrem Dia-Vortrag auf den Spuren der Göttinnen. Bei dem sehr gut besuchten Abend »Vom journalistischen über den virtuellen zum literarischen Salon – Frauen in Medienberufen« stellten sich Redakteurinnen von den SFB-»Zeitpunkten«, vom Fernseh-Magazin »Mona-Lisa«, von der Zeitschrift »Weibblick« und vom Frauen-Internet-Provider »Pro Diva« zur Diskussion, die wegen der fehlenden Moderation nach einem kurzen Aufflackern erstarb. Einige der Redakteurinnen machten den Organisatorinnen deshalb am Ende den Vorwurf, daß sich der Aufwand der Anreise für sie nicht gelohnt habe.

Am engagiertesten gestaltete der »Moneta e.V.«, ein Verein, der sich für die Legalisierung von Migrantinnen in Deutschland einsetzt, seinen Salon. Die Vereinsfrauen, die sowohl Spenden als auch Mitfrauen einwerben wollten, hatten den Grünen Salon mit dem über eine Wand reichenden Spiegel, den grünen Sesseln und den geschwungenen Deckenleuchtern mit Luftballons und Papierschlangen geschmückt und verbreiteten sekttrinkend, hohe Zylinder auf dem Kopf, ansteckende Partylaune. Um ihre Vereinskasse aufzubessern, verkauften sie Lose für die auf der Bühne aufgebaute Tombola, bei der es als Hauptpreis immerhin kostbaren afrikanischen Schmuck zu gewinnen gab. Die »Moneta e.V.« angehörenden Migrantinnen waren zahlreich im Publikum vertreten, so daß endlich einmal nicht nur *über* Ausländerinnen gesprochen wurde, sondern diese – teilweise mit Übersetzerinnen – ihre eigene Situation darstellen konnten. Zu den von ihnen angesprochenen Problemen gehörte die Bedrohung durch gewalttätige Ehemänner. Ausländerinnen, die sich deshalb von ihren Männern trennen wollten, setzten nach der Scheidung ihr Aufenthaltsrecht in Deutschland aufs Spiel. Letztlich bliebe vielen von ihnen nur der Weg in die Illegalität. »Kein Mensch ist illegal! Schluß mit der Illegalisierung! Papiere für alle!« forderte die Afrikanerin Madjiguène Cissé in dem im Salon gezeigten Film über die französische Bewegung »Sans-Papiers«.

Auch wenn es ergiebige Treffen gibt wie diese und verschiedenste Frauen-Initiativen den Salon inzwischen nutzen, um ihre Flyer und Infobroschüren auszulegen, bleiben die einzelnen Veranstaltungen so unverbunden wie zusammenhanglose Mosaik-Splitter. Daß der Salon eine neue Vernetzungsstruktur von Frauen in Berlin noch nicht geknüpft hat, beweist allein die Tatsache, daß es trotz der Vielfalt von Frauenprojekten in der Stadt offensichtlich nicht genügend gibt, die ihre Arbeit hier präsentieren wollen, um den Salon wie geplant monatlich stattfinden zu lassen. »Die Macherinnen möchten nicht allein bleiben mit der Idee und der vielen Arbeit«, verteidigt Sylke Stübner das angestrebte Prinzip.

Wahrscheinlich fehlt aber gerade eine engagierte Wirtin, die den Treffpunkt trägt, denn letztlich läßt sich weder die organisatorische noch die inhaltliche Arbeit für einen Salon auf Dauer delegieren. Auch wenn sich auf dem von den Initiatorinnen gehüteten Salontisch einzelne Muster auszubreiten beginnen und Inseln über Straßen zusammenwachsen, bildet er noch kein zusammenhängendes Bild. »Ist der Tisch fertig, kann er Herzstück des Salons sein«, sagt Stübner. Davon ist er noch ein ganzes Stück entfernt.

Begegnungen
am anderen Ufer
Der lesbisch/schwule Salon

»Salon Oriental« im Kreuzberger SO 36

Das denkmalgeschützte SO 36, einst Kino und später tür-
kischer Hochzeitssaal, ist seit fünfundzwanzig Jahren sub-
kulturelles und senatsgefördertes Zentrum im Kreuzberger Kiez. Seinen Namen verdankt es der damaligen Lage
des Bezirks am Rande der Mauerstadt (Süd-Osten) und
seiner alten Postleitzahl (Berlin 36). In dem Haus mit
dem graffitibesprühten Eingang fanden Anfang der achtziger Jahre legendäre Punk-Konzerte statt. Mit dem alternativen Veranstaltungsprogramm versucht das Kulturzentrum noch heute, den im Viertel wohnenden Mu-
sik-Freaks, einer lesbisch-schwulen Community und
dem hohen Anteil von türkisch- und arabischstämmigen
Bewohnerinnen und Bewohnern gerecht zu werden.
Wenn man zum Salon-Abend kommt, wird man am
Eingang des SO 36 von Transvestiten in glitzernden
Abendkleidern begrüßt und kann sich mit ein paar Trop-
fen Kolonya (Kölnisch Wasser) erfrischen. Wer ebenfalls
»einen Fummel« trägt, also als Mann in Frauenkleidern
oder als Frau in Männerkleidern erscheint, spart den Eintritt von fünfzehn Mark. »Das heißt aber nicht, daß eine
Frau einfach mit 'ner Hose reinkommt, das muß dann
schon Herren-Abend-Garderobe sein«, sagt der Salon-
Gastgeber Honka streng, der vor der Show ganz klassisch
ein weißes Hemd und einen schwarzen Frack trägt. Neben
einem Stempeldruck aufs Handgelenk erhält man einen
regenbogenfarbenen Button, auf dem »Ben Lezoyum/Ib-
neyim« steht, was auf türkisch »Ich bin lesbisch/schwul«
bedeutet. Alle, die den Button tragen, bekommen ein Glas
Cay (Tee) und arabische Süßigkeiten extra – eine einma-
lige Erziehungsmaßnahme für das Salon-Publikum nennt
der Gastgeber diese Aktion. Zwar sei eine Mischung von
homo- und heterosexuellem, türkischem, kurdischem,
arabischem, griechischem und deutschem Publikum immer sein Ziel gewesen, aber im Moment sei der Salon zu
überlaufen. »Wenn da zu viele Heteros kommen«, sagt

der Mittdreißiger, »dann passieren auf einmal Sachen, die es vorher nicht gab. Frauen werden belästigt oder Tunten verarscht, und das in unserem Haus, das geht natürlich nicht.« Um zu zeigen, daß der »Salon Oriental« in erster Linie eine schwul-lesbische Party ist, auf der die anderen Besucher zwar gern gesehen sind, sich aber auch entsprechend benehmen müssen, sollen alle Gäste die bunten Buttons anstecken, um sich spielerisch in die Situation ihrer Gastgeber zu begeben. Wer sein Salon-Abzeichen nicht sichtbar trägt, zahlt am Tresen pro Drink eine Mark mehr.

Der ansonsten nüchterne Veranstaltungssaal des SO 36, der bis zu siebenhundert Menschen faßt, ist an den Abenden des »Salon Oriental« in ein Serail verwandelt. In gedämpftes Licht getaucht und mit arabischer Musik im Hintergrund vermittelt er so etwas wie exotische Salon-Atmosphäre. Glänzende Stoffbahnen mit moscheeartigen Bemalungen verhüllen die Wände, über geschwungenen Toren wachen langwimprige Augenpaare. Hinter wallenden Seidenstoffen verbirgt sich noch ein geheimes Gemach, in dem eine junge Ägypterin mit Turban auf Hände, Arme oder Füße Hennamuster malt.

Nach und nach füllt sich der Saal mit jungen Türken, auch einigen wenigen kopftuchtragenden Türkinnen, Freundescliquen, lesbischen, schwulen und gemischtgeschlechtlichen Paaren verschiedener Nationen. Der »Salon Oriental«, der einmal im Monat sonnabends mit anschließender »HomoOriental Dancefloor-Disko« stattfindet, ist einer der wenigen Treffpunkte für türkische Homosexuelle. Die seit zwei Jahren stattfindende Veranstaltungsreihe bietet das abgefahrenste Programm, das man derzeit von jungen Migranten, die in Berlin in der zweiten Generation leben, zu sehen bekommen kann. Das Oriental-Team inszeniert eine *Trash*-Form des Salons, der nicht nur in der lesbisch-schwulen Szene Kultstatus erreicht hat.

»Es kommen auch immer mehr Hetero-Türken, die früher niemals einen Fuß in den schwulen Bereich gesetzt haben. Wir hatten schon Kinder da und türkische Eltern von Darstellern – der ›Salon Oriental‹ ist salonfähig geworden«, kommentiert Honka sein Publikum und grinst. Mit der Intellektuellenbrille und dem dunklen Pferdeschwanz erinnert er entfernt an Nana Mouskouri. Wenn es draußen kühler ist, trägt er nach Türkinnen-Art ein wärmendes Kopftuch. Seine Mutter ist Deutsche, sein Vater Türke. Honka ist in einer deutschen Kleinstadt aufgewachsen und lebt seit fünfzehn Jahren in Berlin. Als er erzählt, daß er eigentlich Handwerksgeselle ist, lacht er sein hohes meckerndes Lachen: »Ich hab mal eine Ausbildung als Damenschneider gemacht, weil ich einfach lernen wollte, wie ich meine Fummel zusammenkriege, und brauch's halt auch für die Bühne.«

Am auffälligsten unter den Besuchern im »Salon Oriental« sind die aufgetakelten Ein-Meter-Neunzig-Frauen in orientalischen Gewändern oder weißen Hochzeitskleidern. Wenn man dicht an ihnen vorbeigeht, hört man ihre tiefen Stimmen, denn die glamourösen Party-Königinnen dieses Abends sind Männer: Transvestiten, Transsexuelle und Dragqueens, die sich von der schillernden Bühnen-Show des Salons angezogen fühlen. Die Begegnungen der Gäste finden im Anschluß bei der überfüllten »Gayhane-Disco« (gay = engl. schwul, hane = türk. Haus) statt, bei der eine DJane arabische, israelische, türkische oder griechische Platten und den Halay (türk. Reigentanz) auflegt. Honka gesteht in seinem Bühnen-Kostüm als Türkin ›Fatma Souad‹ gespreizt: »Ach, immer wenn DJane Ipek den Halay bei uns auflegt, dann sollten Sie mal sehen, wie Lesbe, Macho und Tunte Arm in Arm in Arm zusammen tanzen, da blüht mir jedesmal das Herze auf!«

Der Gastgeber und sein Partner Cihangir, der zweite Begründer des »Salon Oriental«, hatten ihre ersten gemeinsamen Auftritte als »Bauchtänzerinnen-Darsteller« im Tempelhofer GON-Club (Gay Orient Night). Danach zogen sie ins Kreuzberger UNART-Theater, gründeten 1996 ihre eigene Show und nannten sie »Salon Oriental«. Im UNART war der Kreis der Salonbesucher noch überschaubar. Für die Gäste, zu denen sich die Darsteller nach der Vorstellung an die Tische gesellten, gab es auch damals schon türkischen Tee und Gebäck. Nach Auftritten in der »Akademie der Künste« und im »SchwuZ« zog das Duo Infernale ins SO 36. Um für die groß angelegte Show des »Salon Oriental« zu werben, rief Honka im Infoladen des Kulturzentrums kurzzeitig einen richtigen Salon ins Leben und nannte ihn »Fatmas Sofa«. Hier gab es »Bunte Abende mit Gedichten und Texten aus ›Tagträume einer Esotrine und Zweifel einer Spiritussi‹« und »Türkischen Tee trinken und Tratschen für Fortgeschrittene. Ein lokkerer Treff zum Austausch von Neuigkeiten über alle diejenigen, die nicht kommen«.

Nachdem man im heutigen »Salon Oriental« die langbeinigen Serail-Damen in ihren Gewändern bewundert, einen Griff in die Schale mit arabischen Keksen getan, seinen Tee aus den Gläsern mit Goldrand getrunken und einen Platz auf den gefüllten Bänken ergattert hat, beginnt auf der Bühne kurz nach neun das Programm.

In ihren schrillen Stücken schlüpfen Honka als ›Fatma Souad‹ und Cihangir als ›Lale Lokum‹ in ihre weiblichen Rollen. Letztere begrüßt als verführerische Moderatorin im Minikleid das Publikum und kündigt an, daß heute abend »Fatmas Hochzeit« gefeiert wird. Ein Gebärdendolmetscher steht am Rande der Bühne und übersetzt das Gesagte für die taubstummen Besucher. Um den potentiellen Hochzeitsgästen im Zuschauerraum einzuheizen, spielt zuerst die mit frenetischem Applaus begrüßte türkische Haus-Band »Oriental Dreams«. Schon während des zweiten Stücks springen einige Besucher von den Bänken, um nach der mitreißenden Musik zu tanzen. Eine korpulente türkische Mama wagt sich hüftenschwingend und unter Anfeuerungsrufen sogar auf die Bühne und törnt Musiker wie Publikum an. »Diese türkische Mama«, sagt Honka später nachsichtig belehrend, »war'ne richtig umgebaute Transe. Die war das erste Mal im Salon und singt auch in Berlin.«

Team des »Salon Oriental«:
Funda Menthol, Honka alias Fatma Souad,
Lale Lokum, Sabuha Salaam, Edeltraut Plörrenhöfer (v.l.n.r.)

Als die Show beginnt, sind die Besucher schon das erstemal auf angenehme Art erschöpft und in froher Partylaune. Das aufgeführte Stück über die Geschichte eines türkisch-deutschen Liebespaares, das nach vielen Widrigkeiten glücklich in den Hafen der Ehe einläuft, besteht aus einem Wechsel von Live-Auftritten und eingespielten Video-Sequenzen. Alle mit der Eheschließung zusammenhängenden deutschen, türkischen und heterosexuellen Klischees werden dabei unter Lachsalven der Zuschauer durch den Kakao gezogen. Honka stöckelt als ›Fatma‹, die nach einem passenden Bräutigam sucht, über die Bühne. Auf der Video-Leinwand ist sie bei einer Fernsehsendung für Partnersuche zu sehen. Ingo Plörrenhöfer, süßes Jüngelchen und deutsches Muttersöhnchen, wünscht sich ebenfalls vor der Kamera eine nette Ehe-Frau. Nachdem sich die beiden auf den ersten Blick ineinander verliebt haben, gilt es für sie noch zahlreiche Hürden zu nehmen, denn die deutschen und türkischen Familien sind über die Partnerwahl ihrer Kinder keineswegs glücklich. Nach Mißverständnissen, Streit und Versöhnung kommt es letztlich doch zur Hochzeit, die mit Henna-Nacht und klassischer Bauchtanz-Einlage nach allen Regeln der türkischen Tradition abgefeiert wird. Stellenweise wird dabei auf der Bühne nur Türkisch gesprochen. Wer weder die Sprache noch den Gebärdendolmetscher versteht, wird bewußt in die Situation des Fremden gebracht, der den Zusammenhängen nicht immer folgen kann. Lachtränen fließen bei der Szene, in der sich alle Hochzeitsgäste nach und nach von dem von Cihangir überzogen tuntig gespielten Friseur für das anstehende Fest verschandeln lassen. Das Stück endet nach gut zwei Stunden unter großem Applaus, als sich das frisch getraute Paar vor der Tür der Hotelsuite höflich voneinander verabschiedet. Es verbringt die Hochzeitsnacht in getrennten Zimmern, wo ein jeweils gleichgeschlechtlicher Partner – bei Fatma liegt eine Frau in der Hotelbadewanne, bei Ingo ein Mann im Bett – sehnsüchtig wartet. Während die »Gayhane-Disco«-Gäste schon in den Saal strömen, werden die

Zuschauerbänke behende beiseite geräumt, um die Tanzfläche freizumachen. Zu vorgerückter Stunde gibt der
Gastgeber auf der Bühne noch Türkisch-Unterricht.

»Für uns ist es nicht nur wichtig, die orientalische und
die europäische Kultur aufeinanderprallen zu lassen«,
sagt Honka in einem Café auf der Kreuzberger Oranien-
straße, »sondern auch ganz klar auszudrücken, daß wir
Tunten sind und auch'ne eigene Kultur haben.« In
dem von dem Istanbuler Regisseur Kutlug Ataman ge-
drehten Spielfilm »Lola und Bilidikid« über türkische
Transvestiten in Berlin haben Honka und Cihangir als
»Bauchtänzerinnen-Darsteller« eine Gast-Einlage. Bei
der Film-Premiere im SO 36 wurde die aufwendig vorbereitete Show des Salon-Teams von dem Filmpublikum
vollkommen ignoriert. »Wir waren die Transen, so nette
Deko, und die anderen die Schauspieler und Künstler.«
Erregt zündet sich Honka eine Zigarette an und stößt
den Rauch aus: »Das ist genau, was wir nicht wollen.«
In ihren Stücken wie »Filmschlangen vom Nil«, dem Salon-Programm zur Berlinale, oder in »Oriental Airlines«,
wo es um den Abschiebungs-Fall des straffällig gewordenen Türken Mehmet geht, verfolgen sie den Anspruch, als
Unterhaltungs-Künstler politische Anliegen zu themati-
sieren.

Selten ist die Darstellung des konfliktbeladenen Zu-
sammenlebens verschiedener Kulturen so witzig-heiter
und gleichzeitig tiefgründig-ernst gelungen wie hier. Deshalb hat der »Salon Oriental« schon Nachahmungen in
München, Köln und Hamburg gefunden. Mit der klassischen Konversationsgesellschaft hat dieser Salon natürlich nichts gemein. Dennoch gelingt den Initiatoren,
was auch schon den alten Salonièren vorgeschwebt hat:
die Utopie einer Gemeinschaft zu entwerfen, die so im
Alltag nicht existiert.

Der »Ahoi-Salon« von Mahide Lein
in Prenzlauer Berg

»Es macht mich einfach an, Leute kennenzulernen, ich lebe davon. Deshalb werde ich immer weiter Treffpunkte initiieren, sei es in Kneipen, in Kirchen oder in einem eigenen Salon«, sagt Mahide Lein. Sie hat in den Achtzigern mit ihrer Frauen-Erotik-Bar im »Pelze« und Anfang der Neunziger mit »Läsbisch TV« auf FAB (Kabel-Fernsehen Aus Berlin) Frauen-Stadtgeschichte mitgeschrieben. Lein, die vor zwanzig Jahren aus der Hausbesetzerszene von Frankfurt/M. hierher kam, weil sie sich in eine Frau verliebt hatte, findet den Unterschied zwischen dem damaligen West- und dem heutigen Hauptstadt-Berlin gravierend. »In der Zeit, wo die Mauer war, habe ich sehr gerne hier gelebt. Dieses Experiment Berlin war einfach großartig mit allen Projekten und Ideen, etwas anderes zu probieren. Jetzt ist es hier zerstörerisch, saubermachend und konservativ geworden.« Mit manchen Themen aus den Siebzigern, wie der Frauenbewegung und der Diskussion über weibliche Sexualität, ist die extrovertierte Endvierzigerin heute noch beschäftigt, denn sie hat versucht, den damaligen Leitsatz »Das Privatsein öffentlich machen«, auf ihre Art in die heutige Zeit zu retten.

An ihrem Briefkasten in einem schönen Altbau am Südstern steht unter dem Namen als Berufsbezeichnung: *feministische Kulturmanagerin weltweit.* Aus Mangel an anderen reizvollen Begegnungsorten nutzte sie ihre großzügige Wohnung, die phantasievoll mit Hängematten, Schaukelpferden und Spielwiesen ausgestattet ist, um Mitte der neunziger Jahre immer sonntags Salon zu halten. Eingeladen waren Berliner Künstlerinnen – Filmemacherinnen, Autorinnen, Performerinnen – und solche, die Mahide Lein als Managerin auf ihren Tourneen in Berlin betreute, wie die Frauenkapelle »Kolibri« aus St. Petersburg, oder solche, die einfach hier zu Besuch waren, wie eine kanadische Autorin oder eine australische Malerin. Die Salonière wollte, daß die Künstlerinnen sich bei ihr dadurch kennenlernen, daß sie etwas aus ihrer aktuellen Arbeit vorstellen, sich gegenseitig anregen und auf diese Weise ein gemeinsames Netzwerk knüpfen. »Und wir haben auch Musik gemacht, Jam-Sessions mit vielen Trommeln, Klavier gespielt und mit den Nachbarn schön Ärger gekriegt.« Danach befragt, ob sie den Künstlerinnen-Salon auch gemacht hat, um sich immer wieder neu verlieben zu können, antwortet sie verschmitzt: »Wenn du einen Salon machst, dann hast du immer'n Grund, auf Leute zuzugehen. Du kannst sie einladen und locken, irgendwas mit dir zu tun zu haben.«

Mahide Lein spricht interessante Menschen auch auf der Straße oder in der U-Bahn an und sieht jedesmal, wenn man sie trifft, ein bißchen anders aus. Vor einigen Jahren trug sie lange dunkle Haare und eine weiße punkig-elegante Lederjacke. Danach sah man sie mit kurzen grauen Haaren und einem tigergefleckten Anzug samt schwarzem Umhang. Kürzlich hatte sie die Haare blau, später wieder blond gefärbt und an den Seiten ausrasiert. Um die Schultern trug sie als Tuch eine afrikanische Männerhose, die sie sich von einer Reise nach Zimbabwe mitgebracht hatte. »Durch die afrikanischen Sachen bin ich jetzt stark mit der ›heterosexuellen Szene‹ beschäftigt, und ich habe eigentlich auch immer Männer zu meinem Salon eingeladen.« Sie kamen dann aber oft nicht, weil Männer, so Mahide Leins These, an einem regelmäßigen Austausch nicht so interessiert sind.

Lein, die sich selbst ein Organisationsgenie nennt, hat ihre Salons immer ungeachtet ihrer finanziellen Situation gemacht. Wenn sie Geld hatte, gab es Kaffee mit einer Prise Zimt und vegetarische Salate. Wenn sie keins hatte, gab es einfach Tee. In Zeiten, wo sie pleite war, ärgerte sie sich darüber, daß die Besucherinnen nichts Eß- oder Trinkbares beisteuerten und am Ende des Abends überall Aschen- und Getränkebecher rumstanden. Wenn keine U-Bahn mehr fuhr, blieben manche auch über Nacht. Nach einiger Zeit fühlte sie sich geschlaucht und hörte auf, Salon zu halten, auch weil sie nicht mehr die Power gehabt habe, sich genügend um die inhaltliche Seite zu kümmern, und nur »Laberrhababer« sei ihr zu wenig gewesen. In Wirklichkeit ist das »Organisationsgenie« Lein sprunghaft, spontan, bisweilen sogar chaotisch, und so häufig wie ihr Outfit ändern sich ihre Projekte und Ideen.

Um Übernachtungsgäste, Aschen- und Getränkebecher in ihren Spielzimmern zu umgehen und trotzdem den schillernden Kristallisationspunkt einer Geselligkeit zu bilden, suchte sie nun nach einem öffentlichen Ort für ihre erste gemischtgeschlechtliche Kreation. »Ahoi – Der Lesbischwule Salon – beherzigt von Mahide« öffnete im August '98 seine Pforten und verkörpert die Club-Variante eines coolen Saloons im In-Bezirk Prenzlauer Berg. Vorn verchromte Bar mit Diskothek und hinten Showroom mit Bühne bildet das Miles The Club in der Greifswalder Straße, in dem ansonsten Jazz- und Funkbands auftreten, die Kulisse für den monatlichen Sonntags-Salon. »Alle nichtlesbischwulen Mitmenschen sind herzlich willkommen!« steht ausdrücklich auf der Einladung mit dem wellenreitenden Segelboot-Logo. Die seemannssprachliche Begrüßung »Ahoi« dient der umtriebigen Lein seit einiger Zeit als persönliches Markenzeichen – wahlweise für ihre Künstlerinnen-Agentur, Videoproduktion, Vegetarisches-Catering-Komplett und nun auch für den Salon. Mit dem nautischen Grußwort verbindet sie etwas »Abenteuerliches, Anarchistisches, seefahrende Matrosinnen und Piraten auf Schatzsuche«. Deshalb erkennt man Mahide Lein als die Kapitänin des Abends auch an ihrer Käpten-Mütze mit goldener Tresse. Und an ihrer Videokamera. Mit gleicher Kopfbedeckung steht ihr als erste Steuerfrau Sue Maluwa aus Zimbabwe zur Seite, die als Mahides Mitbewohnerin zur Zeit mit ihr in einem Boot sitzt.

Bei den ersten Salonabenden hatte Lein noch den Anspruch, eine echte Konversationsgesellschaft zu schaffen. So bekamen bei der Eröffnung des Salons jede Besucherin und jeder Besucher einen Stempel mit den Buchstaben A,

H, O oder I aufgedrückt. Sie sollten sich mit drei anderen zu dem Wort ›Ahoi‹ zusammenfinden und gemeinsam auf der Bühne ein Lied oder Gedicht vortragen. Es traute sich aber keiner. Beim zweiten Salon, bei dem unter anderem ein afrikanischer Limbodance-Wettbewerb ausgerufen wurde, ließ Mahide ein Mikrofon mit der Aufforderung rumgehen, jeder solle einen Witz erzählen oder irgendwelchen Szeneklatsch preisgeben, was die Gäste, die sich bis dahin gut unterhalten hatten, erschreckt verstummen ließ.

»Der Salon«, sagt die »Ahoi«-Initiatorin im nachhinein, »ist mir nicht so richtig geglückt. Ich wollte, daß sich alle Leute, die was zu meckern oder zu tratschen haben, auf'n Tisch stellen und ein Gedicht vorlesen, was sie grade gemacht haben oder eben'n Furz lassen und ein Teil sind des Gesamtkunstwerks ›Ahoi‹. Aber selbst meine Freundinnen und Leute, die sonst nicht schüchtern sind, haben sich nicht getraut. Und dann stinkt's mir auch schon wieder, was man dafür tun muß, um die Leute aus ihrer Passivität herauszuholen.« Auch die langweilige Lesbenszene habe sie mit ihrem Konzept aufmischen wollen, wo man sich bei Kerzenschein ewig an einem Glas Cola festhalte.

Ab dem dritten Salon ist »Ahoi« zur Kleinkunstbühne mit Disko geworden, bei der die Gäste nur noch das Programm konsumieren. Ein Highlight ist der Bühnen-Auftritt von Irmgard Knef – der Zwillingsschwester von Hildegard Knef. »Verkannt – Verleugnet – Vergessen: Aufgestanden aus Ruin« heißt das intelligente Travestie- und Satireprogramm eines jungen schwulen Berliner Künstlers, der die Knef perfekt imitiert. Exaltierte Dragqueens, Transen und Tunten mit hochtoupierten Haaren, Zigarettenspitze und Opernglas johlen sich bei den Zugabe-Rufen heiser und werfen nach dem allerletzten Abschlußlied »Für mich soll es rote Rosen regnen« künstliche Blumen für die schwindende Irmgard auf die Bühne. Obwohl sich im Zuschauerraum eine gemischte Community aus Homos und Heteros, Paaren und Singles gut amüsiert hat, lümmeln nach dem Programm vor allem quatschende und knutschende Boys an der Bar.

»Also wissen Sie Kindchen«, sagt Irmgard Knef mit Sonnenbrille, blonder Perücke und herber Raucherinnen-Stimme nach ihrem Eindruck vom Salon befragt, »das is ja eigentlich ein Begriff aus'm 19. Jahrhundert. Da denkt man an all die Dinge, die es hier in dieser Location nicht gibt: Kein Plüsch, keine Rahel, kein Chopin. Salon ist also das falsche Wort.« »Das Siebziger-Jahre-Ambiente ist mir für einen Salon zu nüchtern«, mokiert sich ein Gast. »Es sind hier zu viele Jazzgrößen an der Wand und zusätzlich zu den zehn Mark Eintritt nimmt die Klofrau fünfzig Pfennig pro einmal aufs Klo gehen!« Marcus Brühl alias Penelope, Autorin von »Lebensansichten einer gepflegten Tunte« und Szene-Berühmtheit im langen Abendkleid, hatte bei der Show auf dem Schoß ihres Freundes am lautesten gebrüllt. Sie behauptet, wenn sie einen Salon machen würde, dann wären die Herren freundlicher, es gäbe Kaffeehaustische, Klavier und Geige statt Disko-Dudel-Musik. »Salon ist«, definiert sie mit distinguierter Aussprache, »wenn die Kunst, die läuft, von den Leuten kommt, die das Publikum sind.« Danach befragt, ob sie hier ihre Texte vorlesen würde, antwortet sie mit gackerndem Lachen: »Also wenn ich'ne Gage krieg! Aber es wäre dann einfach ›Frau Brühl macht'ne Lesung‹ und nicht Salon, weil ich nicht das Gefühl hätte, daß die andern auch schreiben.«

»Ein letztes Mal Tuntenklatsch – Aus für den lesbischwulen Salon im Miles«, verlautbarte die überregionale schwul-lesbische Zeitung »Queer« im Frühling in ihrem Berlin-Teil, denn mit »Ahoi No. VI« lief das Salonboot auf Grund. Wegen des geringen Zuspruchs wollte das Miles-Team der Salonière nicht mehr seine Räume geben. Lein, die sich als Ehrenjurorin in der »TEDDY-Award-Jury« für die Auszeichnung der besten Berlinale-Beiträge mit Homosexuellen-Thematik engagiert, hatte für den Februar-»Ahoi« einen »Berlinale-Nachklang mit Video-Notizen und Festival-Klatsch« aufs Programm gesetzt. Obwohl alles, was mit Filmfestival zu tun hat, immer Zulauf hat und der Miles-Club bis zu vierhundert Gäste faßt, waren weniger als fünfzig gekommen. Das spärliche Publikum quälte sich im Bühnenraum mit ellenlangen Zusammenstellungen von verwackelten Mitschnitten aus schwul-lesbischen Berlinale-Filmen und unscharfen Aufnahmen von Festival-Partys. Ovo Maltine, stadtbekannte Berliner Tunte, die sich bei der letzten Bundestagswahl als Bundestagskandidatin hatte aufstellen lassen, moderierte das Ganze zwar in schillernden Fummeln, aber ebenso uninformiert wie witzlos. Während der windstillen Segel-Törn gingen nach und nach die wenigen Passagiere von Bord, und am Ende saß nur noch Mahide mit den letzten getreuen Matrosinnen, von denen einigen schon die Augen zugefallen waren, vor der flimmernden Leinwand. »Non, je ne regrette rien«, schmetterte Edith Piaf, die sich als letzte auf der Kommandobrücke des sinkenden Schiffs befand.

»Als dann noch ein angeblicher Edith-Piaf-Imitator das Mikrofon zu mißbrauchen sich anschickte«, kommentierte der »Queer«-Reporter den letzten Salon, »blieb end-

»Ahoi-Salon«-Kapitänin Mahide Lein

gültig nur die Flucht – und die Frage, ob die große Berliner Salon-Tradition einer Rahel Varnhagen und einer Henriette Herz es nicht verdient hätte, auf geistreichere und amüsantere Art erneuert zu werden.«

Mahide Lein, die nun zum letzten Mal »Ahoi« gesagt hat, will sich auch kieloben nicht unterkriegen lassen: »Ich bin zwar körperlich abgenippelt und pleite, habe aber schon wieder die Idee, daß ich vielleicht'n Talenteschuppen mache, wohin die Off-Szene kommt, und wo sich auch schlechte Kunst vermarkten läßt.« Momentan mischt sie ein bißchen im Schokocafé beim »Rubired Velvet – Tindys Literarischer Salon« mit, zuletzt tauchte sie, als abgesetzte Kapitänin mit violetter Perücke, bei Anita Meiers Künstlerinnen-Salon auf.

DIE BÜHNE FÜR DEN GENTLEMAN
SALONS UND KEIN ENDE

Der Unternehmer-Salon
von Uwe Fenner in Schöneberg

»Jahreszeiten-Gespräch« nennt der Unternehmensberater Uwe Fenner harmlos seinen Salon, der immer pünktlich zum Frühlings-, Sommer-, Herbst- und Winteranfang in seiner Schöneberger Wohnung stattfindet. Der prosaische Name verschleiert, daß sich hier die sogenannten Entscheidungsträger der Gesellschaft treffen, die den Sprung auf die obersten Stufen der Karriereleiter geschafft haben. Da diese auch heute noch in überwiegender Zahl dem männlichen Geschlecht angehören, ist das »Jahreszeiten-Gespräch« eigentlich ein Männer-Salon. Dunkle Anzüge und teure Krawatten dominieren das Bild: jung-dynamische Aufsteiger mit unruhigen Blicken und Herren um die fünfzig mit selbstzufriedenen Mienen, ansehnlichen Bäuchen und gediegen-eleganten Gattinnen. Junge Frauen wirken in dieser Szenerie eher exotisch. »Ähnlich der Intention der Berliner Salons, einen Kreis freisinnig denkender Menschen unterschiedlicher Weltanschauung zusammenzuführen, um aktuelle Fragen zu diskutieren und den Kontakt in privater Atmosphäre zu fördern«, wird der Anspruch unverfänglich in der Einladung formuliert, der sich explizit auf die Geselligkeiten von Henriette Herz, Rahel Varnhagen und Fanny Lewald bezieht. Allerdings sind es nicht wie in deren Salons vor allem Intellektuelle und Schriftsteller, die sich hier treffen, sondern »die erste Ebene der Vertreter aus Wissenschaft, Kultur, Wirtschaft und Politik«, wobei die letzten beiden Bereiche bei weitem dominieren. Von Uwe Fenner stammen Statements wie: »Wenn Sie die zweite Ebene einladen, bleibt die erste zu Hause.« und bei der »ersten Ebene« käme es nur auf die richtige Mischung an.

Als ich am Bahnhof Friedenau aus der S-Bahn steige, stehen schon zwei Männer grübelnd vor dem Lageplan der nach Malern benannten Straßen in der Umgebung. Sie fragen nach der Straße, die auch ich suche, und es wird klar, daß wir zum gleichen Ereignis wollen. Auf dem Weg dorthin entpuppt sich einer von beiden als der stadtbekannte Künstler Salomé. »Ach, ich bin heute gar nicht geschminkt«, klagt sein Begleiter gespielt exaltiert, »für die Fotografen von BILD, die wegen dem MP heute abend sicher dasein werden.«

Manfred Stolpe, Ministerpräsident von Brandenburg, ist zum Frühlingsanfang am 21. März für das Eröffnungs-Referat in den Salon geladen. Er spricht zum Thema »Preußische Kultur und brandenburgische Traditionen – Standortfaktoren für das Land« und soll qua seiner Funktion und seines Namens die Prominenz anziehen. Die Kosten-Nutzen-Rechnung dieses Abends wird auf diese Weise aufgehen. Stolpe ködert mit dem verblichenen Flair von Preußens Glanz und Gloria die erlauchten Gäste für seinen Wirtschafts-Standort. Er wiederum dient der kapitalen Gesellschaft als Opener für den Hauptgang. Dieser Hauptgang ist weder sein Vortrag noch das Büffet mit den malerisch drapierten Trauben, sondern das Gespräch danach und der Schlag-Abtausch der Visitenkarten. Der Salonièr selbst, studiogebräunt und mit dem aufgesetzten Charme eines Hais im Walfischbecken, sonnt sich im Zentrum der Mächtigen und wird den Salon in erster Linie für sich selbst zu nutzen wissen.

Der Eingang des Altbaus ist pompös. Schmiedeeiserne filigrane Jugendstilranken schmücken die Haustür, das Vestibül ist mit Kronleuchter, Kokosläufern und großen Spiegeln ausgestattet. Schon unten hört man das Stimmengewirr im dritten Stock. Als wir die Treppe hinaufgehen, öffnet in der zweiten Etage ein blasses Kind die Tür. Es ruft in die Wohnung: »Mutti, da kommen immer mehr! Es ist so laut dort oben!«

Auf dem Absatz vor Fenners Wohnung steht eine Eskorte dienstfertiger Geister, die die Mäntel abnimmt und aus dem Haufen von Namensschildchen das jeweils passende heraussucht. Aus dem Berg von Schildern blitzen Namen wie Christoph Freiherrr von Hammerstein-Loxten, Kolja von Bismarck, Dr. Sabine Bergmann-Pohl,

Wolfgang Branoner und Cornelia Schmalz-Jacobsen hervor.

Kurz nach Eintritt in den Flur habe ich meine beiden Begleiter in der Menge verloren. Alle paar Minuten steigt mir die Duftnote eines anderen After-shaves in die Nase. Es wird gedrängelt, gestoßen und geschoben. Die Innen-Ausstattung der Sechs-Zimmer-Wohnung gleicht dem Interieur eines Renaissance-Schlößchens mit Mut zu handfestem Kitsch. Es gibt das dunkelgrüne, das rostrote, das hellgelbe und das himmelblau getünchte Zimmer mit üppigem goldverziertem Stuck an der Decke. In der Küche ist noch eine Truppe junger Köche zugange. Alle Räume der Fennerschen Wohnung sind zugänglich, und man fragt sich, wo er, über die teuren Lampenlüster, Kerzenständer, Gemälde und Teppiche hinaus, seine Möbel gelassen hat.

Schon vor sieben Uhr, dem eigentlichen Beginn des Salons, ist es so voll, daß man in der Hundert-Quadratmeter-Wohnung kaum noch treten kann. Hochrote Menschen fächeln sich mit den vor einem goldgerahmten Spiegel ausliegenden Gästelisten Luft zu, auf denen es von Adels- und akademischen Titeln, Rechtsanwälten, Unternehmensberatern und höheren Chargen der Bundeswehr nur so wimmelt. Falls es einen Gast gibt, dem man lieber nicht begegnen möchte, sollte man vorher die Liste genau studieren, denn ein gegenseitiges Entkommen ist hier unmöglich.

Die einzige Frau im Personal, eine junge Rothaarige mit Goldglimmer besprühten nackten Schultern, balanciert ein Tablett mit Kanapees durch die Menge. Auf einem kleinen Teetisch liegt Konfekt aus. Die beiden improvisierten Bars – in diesen Kreisen sonst eine Domäne dekolletierter Damen – werden von jungen attraktiven Männern betreut, denen wegen der hohen Getränke-Nachfrage schon der Schweiß auf der Stirn steht. Im Salon, wo sich die Reichen treffen, ist natürlich alles kostenlos. Die Gäste können zwischen Alkoholischem und Nichtalkoholischem wählen, bevorzugter Drink dieses Abends ist eine Mischung aus beidem – Campari-Orange. Und wie es sich für einen Salon gehört, liegt an der Bar auch Rauchwerk aus: geöffnete Schachteln von Gauloises und Marlboro laden zum Zugreifen ein.

Nach einer halben Ewigkeit, in der man sich wegen des Sauerstoff-Mangels einem Kollaps nahe fühlt – die beschlagenen Fenster bleiben geschlossen –, eröffnet der fünfundfünfzigjährige Salonièr das Stolpe-Referat im himmelblauen Zimmer mit einer langen Reihe bescheidener Begrüßungen: Sehr geehrte Exzellenz, sehr geehrte Präsidenten, Bundestagsabgeordnete, Senatoren in und außer Dienst! (Verständnisvolles Lachen an dieser Stelle.) Liebe Generäle, Magnifizienzen, Intendanten, Rektoren und Professoren! Sehr geehrte Frau Generalkonsulin! Sehr geehrter Kanzler der Hochschule der Künste! Liebe Chefredakteure! Sehr geehrte begleitende Damen und Herren! »Wir sind das Fußvolk«, flüstert hinter mir belustigt eine Frau. Ähnlich einem gräflichen Familienwappen ist über Fenners Rednerpult ein roséfarbenes Leinentuch gebreitet, in das sein Name und sein Firmenlogo gestickt sind. In seiner Vorrede, für die er die gleiche Redezeit beansprucht, die er später Stolpe einräumt, nutzt er geschickt die gespannte Erwartung der Zuhörer. Offensiv tritt er einen Werbefeldzug für die eigenen Firmen an, die sich ganz zeitgemäß auf Personalmanagement, Führungskräfte und auf den größten expandierenden Markt, das Internet, ausgerichtet haben. Alle Erfolgsdaten seines Unternehmens, der MIDAT (Märkische Informatik und Datentechnik GmbH), werden mehrmals wiederholt. Der Umsatz in Millionenhöhe wird ebenso hervorgehoben wie der geplante Gang an die Börse. In der Pressemappe, die am Eingang des Salons ausliegt, sind auf teurem Papier noch einmal die Kennziffern aufgeschlüsselt und auch biographische Daten des Salonièrs genannt: »Uwe Fenner wurde 1943 als jüngster von vier Söhnen eines Arztes und einer Ärztin in dem mecklenburgischen Städtchen Waren an der Müritz geboren. Als er 7 Jahre alt war, ging die Familie aufgrund der politischen Verhältnisse nach Dortmund, wo Fenner mit Ausnahme seiner Studienzeit in München, Bochum und Münster bis zu seinem vierzigsten Lebensjahr wirkte.« – wie einer, der bereits das Zeitliche gesegnet und die gesellschaftlichen Geschicke nachhaltig beeinflußt hat. Der studierte Jurist, der später in Frankfurt/M. ein eigenes Büro eröffnete, »das auf den Gebieten Suche und Auswahl von Fach- und Führungskräften tätig ist«, bezeichnet sich selbst als Headhunter und lädt unter anderem junge vielversprechende Männer in den Salon, in der Absicht, erfolgverheißendes Führungspersonal für die eigene Firma oder im Auftrag anderer abzuschöpfen. So etwas kennt man in Berlin noch kaum. Vielleicht ist Uwe Fenner ja der Vorbote einer Zeit, die der Stadt erst noch bevorsteht.

Seine Internet-Kompetenz stellt er in seiner Rede stolz durch die Bemerkung unter Beweis, daß das »Jahreszeiten-Gespräch« gerade weltweit im Netz (www.fenner-midat.de) übertragen werde und von 150 Millionen Internet-Usern verfolgt werden könne. Beiläufig meldet Stolpe Zweifel an, ob sich diese Klientel ausgerechnet für das Angebot des Salons interessiere, und landet einen kleinen Lacherfolg. Kurz bevor er mit seinem Referat beginnen darf, klingelt im Publikum ein Handy – wieder wird verständnisvoll gelacht –, und Fenner wendet sich streng an den entsprechenden Gast: »Das müssen Sie jetzt aber ausstellen!«

Am Anfang von Stolpes zwanzigminütiger Ansprache wird noch konzentriert gelauscht. In meiner Nähe steht der umstrittene Berliner Ex-Senator und neue Vorsitzende der Brandenburger CDU, Jörg Schönbohm. Er hat die Brauen aufmerksam gespitzt und ist viel kleiner, als ich dachte. Hinter mir beginnt Xenia von Wedel angespannt mit einem anderen »von« und »zu« zu flirten. Da die Lautsprecher, die Stolpes Rede in die anderen Zimmer übertragen sollen, ausgefallen sind, macht sich unter den über hundert Gästen zunehmend Unruhe breit. Es wird mit Konfektpapier geraschelt, lautstark verkündet, daß man nun absolut nichts mehr verstehen könne, getuschelt und geschwatzt, und – allen guten Manieren zum Trotz – beim noch nicht eröffneten Büffet schon einmal zugelangt. Die hier versammelte feine Gesellschaft kommt einem vor wie eine undisziplinierte Schulklasse, die wohl oder übel die Lektion des Lehrers über sich ergehen läßt, um dann endlich zum interessanteren Pausengespräch mit dem Nebenmann übergehen zu können. Als Stolpe milde lächelnd mit den Worten: »Ich danke Ihnen für Ihre Geduld, es ist nach meinem Eindruck keiner umgefallen« endet, lädt Fenner mit dem Verweis auf die Form des Salons zu Fragen und zum Gespräch ein. Der stellvertretende Chefredakteur der »Berliner Morgenpost«, Joachim Stoltenberg, der es sich nicht nehmen ließ, in der dicken Luft noch genüßlich sein Pfeifchen zu schmauchen, drängelt sich, den Umstehenden auf die Füße tretend, nach vorn, um den MP nach einer Stellungnahme zur Ausländerfeindlichkeit in Brandenburg zu befragen. Der schüttelt eine längst vorbereitete Antwort locker aus dem Ärmel und zieht sich so aus der Affäre. Die Fragen von zwei anderen Gästen gehen im Stimmengewirr und Besteck-Geklapper unter. Am Ende bedankt sich Fenner bei Stolpe für die »sehr interessante Diskussion« (die gar nicht stattgefunden hat), entschuldigt sich für »die schlechte Akustik« (aber der Salon wurde ja im Internet übertragen) und eröffnet schlußendlich den aufgelockerten Teil des Abends und das bereits angebrochene Büffet.

Ein Münchner ruft seiner Begleiterin kampfentschlossen zu: »Soll ich dir von dort etwas mitbringen?« Als sie hört, daß es nur Kartoffelsalat und Buletten gibt, lehnt sie dankend ab. Die anderen Gäste aus Bonn, Köln, Hamburg, Stuttgart, Frankfurt/M. und Potsdam lassen sich die Berliner Spezialität dagegen munden und greifen vor allem bei den winzigen Würstchen zu.

Wenn Fenner nun lächelnd durch die Menge schreitet und sich dem einen oder anderen Gast zuwendet, treten die Gattinnen ehrfurchtsvoll einen Schritt zurück und lassen die Männer beim Gespräch unter sich. Der Salonièr, der selbst weder Adels- und akademischen Titel noch einen hohen Posten aufzuweisen hat, ist der umworbene mächtige Mann des Abends und empfindet sichtlichen Genuß dabei. Um ihn dreht sich alles. Auf ihn läuft alles zu. Er steht im Mittelpunkt. Mit homophiler Intensität umwerben sich die Männer hier. Sie kooperieren und konkurrieren, nehmen sich gegenseitig wahr und machen sich an: ironisch, verspielt, scharf die Kräfte messend, voller Anerkennung. Akademiker hofieren den Salonièr, indem sie ihm Gastdozenturen an Hochschulen besorgen, er verschafft ihnen Wirtschaftspartner für ihre wissenschaftlichen Projekte. Damit entspricht Fenners Geselligkeit der konservativen patriarchalen Vorstellung vom Salon, wie er Mitte des 19. Jahrhunderts praktiziert wurde, als sich Männer trafen, um Kontakte zu knüpfen und ihren Einfluß zu stärken. Der einzige Unterschied: Hier empfängt keine liebreizende Salonière die Gäste, sondern ein Salonièr, der als typischer Vertreter des ökonomischen Kapitals nach kulturellem und politischem Einfluß zur gesellschaftlichen Aufwertung seiner Geschäfte strebt.

Die »Jahreszeiten-Gespräche« starteten zum Sommeranfang am 21. Juni 1995. Ihr Initiator, der hagere Mann mit dem über die beginnende Glatze gekämmten schütteren Haupthaar, war damals gerade dabei, neben seiner Firma in Frankfurt/M., wo ebenfalls »Unternehmergespräche im Hause Fenner in Frankfurt-Sachsenhausen« stattfanden, sein zweites Standbein in Potsdam aufzubauen. Deshalb war es strategisch günstig, schnell die Fäden in der neuen Hauptstadt zu ziehen. Sein allererster Berliner Referent war folgerichtig Wilhelm von Boddien, Geschäftsführer der Gesellschaft Hauptstadt Marketing. Seitdem haben im Salon unter anderen Ignatz Bubis, Guido Westerwelle und Klaus Töpfer referiert. Nie wurde zu den insgesamt sechzehn Jahreszeiten-Treffen eine einzige kompetente Referentin eingeladen.

Fenner, der über eine mögliche Gästeliste von sechshundert Personen verfügt, kann mit all jenen Namen aufwarten, von denen andere Salonièren nur träumen. Da er aber nur für hundert Besucher in seiner Wohnung Platz hat, muß er viermal im Jahr fünfhundert Einflußreiche enttäuschen. Schon das allein schafft Geltung. Und es ist kein Zufall, daß sich etwa die Hälfte der im Salon anwesenden Gäste als Leiter der Firmen und Institutionen entpuppen, mit denen wiederum Fenners Firma ihre Geschäfte macht. Eine »Mischung aus Passion und Kalkül« nennt er den Beweggrund für seinen Salon, ein innovatives Werbemittel könnte man es auch nennen.

Im Winter-Salon war zum Beispiel einer der Organisatoren der Love-Parade zu Gast. Fenners MIDAT hat für das größte Jugendmusik-Event der Welt den Web-Auftritt entwickelt und vermarktet. Bei diesem Treffen, drei Tage vor Weihnachten, hat sich der Gastgeber dann sogar selbst als Künstler produziert und im Duett mit seinem Neffen Mozart-Arien und »My way« gesungen.

Als ich gehe, verabschieden sich im Flur gerade der Präsident von der Telekom Potsdam und seine Frau. Der beleibte Mann erzählt Fenner belustigt, daß seine Frau zwei Nächte nicht geschlafen habe, als sie von der Einladung zu seinem Frühlings-Salon erfuhr. Und seine Gattin, die von Fenner mit einem fingierten Handkuß verabschiedet wird, betont, wie beeindruckt sie von seiner Wohnung und seinen Gästen sei. Ihr Mann, und jetzt geht sie dem Salonièr um den Bart, würde wegen des »Jahreszeiten-Gesprächs« extra einen Tag später zur CeBit-Computermesse nach Hannover aufbrechen. Noch ein anderer Gast hat seine Reise nach Amerika aus denselben Gründen um einen Tag verschoben. Eine Einladung von Fenner wagt niemand auszuschlagen – dabeisein ist alles. Irgendwann, so mutmaßt ein Journalist vom »Tagesspiegel«, wird sich dieser Salon so entwickeln, daß derjenige, der »aus der ersten Ebene« keine Einladung erhält, an diesem Tag Berlin verläßt, damit er die Schmach verwinden kann. Das wird allerdings nicht passieren, denn dieses war auch das vorläufig letzte »Jahreszeiten-Gespräch« in Fenners Berliner Behausung. Der neue Sitz seiner Firma in Potsdam, ein neugotisches Anwesen, ist gerade fertig geworden. Dort will Fenner demnächst unter Ulmen ein großes Fest veranstalten, zu dem er Hunderte von Gästen einladen, noch effizienter networken kann und niemanden enttäuschen muß. Nicht zufällig waren bei diesem letzten Berliner Salon auch der Potsdamer Polizeipräsident, der Direktor des Potsdamer Arbeitsamtes und der Rektor der Potsdamer Universität zugegen, denn jetzt gilt es, in der Brandenburgischen Landeshauptstadt noch mehr Boden zu gewinnen. Und was hätte da nähergelegen, als gleich den Landesvater persönlich zum Gespräch zu bitten.

Die »Teegesellschaft« von Nicolaus Sombart in Charlottenburg

Auf dem literarischen Salon von Carolin Fischer, deren Gäste sich zu einem Teil aus der Sombartschen Gesellschaft rekrutieren, wird man immer wieder von den Gästen gefragt: »Sind Sie denn schon bei Sombart gewesen?« Mitleidige Blicke treffen den, der verneint. Die Gesprächspartner lassen deutlich spüren, daß man die höheren Salon-Weihen noch nicht empfangen hat. Denn alle, die einmal zum sonntäglichen Fünf-Uhr-Tee bei Nicolaus Sombart waren, sind überzeugt, daß er den letzten *echten* Berliner Salon betreibt.

Der habilitierte Soziologe und Schriftsteller Nicolaus Sombart leitete dreißig Jahre die Kulturabteilung des Europaparlaments in Straßburg und kehrte 1982 als Fellow des Berliner Wissenschaftskollegs in seine Heimatstadt zurück. Seit Mitte der achtziger Jahre unterhält er in seiner Charlottenburger Wohnung einen wöchentlichen Sonntags-Salon. Hier stehen die Begegnung und das Gespräch im Mittelpunkt des Geschehens. Dazu eingelassen wird nur, wer vom Gastgeber eingeladen oder bei ihm eingeführt wird. Im Moment ist allerdings nicht sicher, ob Sombarts »Teegesellschaft« noch existiert. Es wird gemunkelt, er empfange nur noch unregelmäßig seine Gäste.

Der Versuch, von einer jungen Künstlerin bei ihm vorgestellt zu werden, scheiterte kläglich. Die Depesche mit der Bitte um ein Gespräch blieb ohne Antwort. Die Interventionen verschiedener Menschen, die die Gunst seiner Bekanntschaft genießen, waren erfolglos. Seit Invasionen von Leuten über Salons schreiben, wurde mir zugetragen, sei Sombart es müde, immer wieder über seine Geselligkeit Auskunft zu geben. Nachdem jemand mal kurzberockte Philosophie-Studentinnen in einem Artikel erwähnt habe, möge er nicht mehr, daß in diesem despektierlichen Ton über seine »Teegesellschaft« berichtet wird.

In anderen Salons trifft man auch Stammgäste von Sombart. In solchen Momenten kann einem Berlin wie eine einzige große Salongesellschaft erscheinen. Aus den flüchtig hingeworfenen Bemerkungen seiner Habitués kristallisiert sich ein erstes Bild der Sombartschen Geselligkeit heraus.

Eine Theaterschauspielerin erzählt, daß das Salon-Publikum bei Sombart aus Wissenschaftlern, Schriftstellern, Künstlern, Intendanten und Regisseuren bestehe. An manchen Sonntagen seien es zehn, an anderen fünfzig Besucher, und der gemeinsame Nenner sei immer die Literatur. Während sie bei Carolin Fischer auf der Récamiere sitzt, beschreibt sie die Salon-Räumlichkeiten in schillernden Farben: »Seine Wohnung hat etwas künstlerisch-bohemehaftes und etwas türkisch-orientalisches. Das Wohnzimmer ist ein großer Doppelraum. Im ersten Zimmer stehen sich zwei rote Samtsofas gegenüber. Auf einem Diwan liegt ein Kelim und auf dem Teetisch eine Kaschmirdecke mit feinem Paisley-Muster.« Es gebe rote Kerzen, die der Gastgeber selbst entzündet. Das Zimmer habe billardgrüne Wände, zwei Marmor-Säulen, gobelinbehangene Sessel und Couches – alles wäre sehr exklusiv. Ein Mathematiker mit Anzug und Fliege, ein Bekannter von Sombart, ergänzt: »Die Zimmer sind immer makellos mit Blumen ausgestattet. Sombart liebt Lilien. Deshalb steht auch zu seinem Salon immer ein frischer Strauß neben der Tür auf einer Kommode. Er achtet sehr genau darauf, wie sich die Gäste mit diesen Lilien arrangieren. Wer sie beim Hinausgehen achtlos streift, hat in seinen Augen verloren.« Sombart sei ein Homme à femmes, ein Mann, der schöne und kluge Frauen liebe, ergreift die Theaterschauspielerin wieder das Wort. Er achte sehr auf die Kleidung seiner Gäste und sehe seine Besucherinnen am liebsten im Kleid oder Kostüm. Eine Journalistin, der ich bei Andrzej Wirths »Salon für Angewandte Theaterwissenschaft« begegne, vertraut mir über Sombart an: »Er ist natürlich ein Bourgeois, und seine Gesellschaft hat etwas bourgeois-akademisches. Manchmal ist es sehr interessant und manchmal auch steif und stinklangweilig. Schriftsteller sind selten da, eher Publizisten. Auch viele Pseudo-Schriftsteller und Künstler, die sich dafür halten.« Sie erzählt von dem halbrunden Damensessel, in dem Sombart an den Sonntagnachmittagen sitze, ein kleines Tischchen mit Pfeife neben sich. Von dort aus winke er dann den einen oder anderen Gast heran, damit dieser sich zu seinen Füßen auf ein Bänkchen setzt, um zu erzählen. »Dieser Hocker hat auf der Sitzfläche einen heraussstehenden Nagel«, erzählt sie lachend. »Ich weiß nicht, wie das die anderen gemacht haben, aber ich hab mir an dem Nagel immer etwas kaputtgerissen. Deshalb habe ich mir eines Tages einen Hammer von Nicolaus geben lassen, um ihn einzuschlagen, aber es hat nichts genützt!« Yvonne Helmbold, die *Impresaria* des Grünen Salons, charakterisiert Sombart als einen Menschen, der gut zuhören kann. »Es gehört zum Spiel des Salonabends dazu, daß er der Grandseigneur ist, der die Leute einzeln zu sich bittet und sich mit großer Geste seinen Seidenschal über die Schulter wirft.« Daß man sich auf ein Höckerchen zu ihm setzt, habe sie nie als negativ empfunden. Sie schätzt es gerade, daß er mit jedem einzelnen Gast spricht. Das habe sie selbst bei ihren ersten Salonabenden nicht bewältigt. »Beeindruckend sind nicht nur seine Besucher«, sagt die Theaterschauspielerin abschließend, »beeindruckend ist auch seine Bücherwand. Da hängen auch zwei Fotos von seiner Frau. Und ein wunderschönes Schwarzweißfoto von Baudelaire. Da denkt man gleich an die ›Blumen des Bösen‹«.

Später begegnet mir noch ein weiterer Habitué von Sombart, der sich als Publizist mit den neuen Berliner Salons beschäftigt hat und bereit ist, mir ausführlich Auskunft zu erteilen. In unserem Gespräch gleitet er immer wieder in die Vergangenheitsform ab, so als wäre der Gastgeber samt seiner glänzenden »Teegesellschaft« ein längst versunkenes Vineta. Wichtigstes Element in Sombarts »Salon-Theorie«, erklärt er mir, sei die Erotik. Der Gastgeber wünsche sich eine verführerische Atmosphäre, in der sich die Unterhaltung samt Körpersprache, Körperhaltung, Gestus und Tonfall als eine höchst erotische Ausdrucksweise spielerisch entfalten könne. »Aber Sombart hat weder die Männer noch die Frauen nach dem Aussehen eingeladen. Die Frauen, die zum Salon gehörten, hatten fast ausnahmslos diese erotische Ausstrahlung, die mit einem gewissen Esprit, einem gewissen Witz einhergeht. Außer bei diesen ganz jungen Nymphen, die ganz sicher nicht wegen ihres Kopfes eingeladen wurden, sondern eher zu Dekorationszwecken.« Der Esprit sei die Grundvoraussetzung für den Flirt als eine geistige, hoch spirituelle Umgangsform. Aus diesem Grund sei der Salon nach Sombart auch eine klassische Domäne der Damen, die die Besucher zusammenbringt, weil sie versuchten, ihr zu gefallen. Sie verkuppele dann diejenigen, die sie für nützlich und fruchtbar hält, in einer Art Gebärakt. Und der Grandseigneur bestehe darauf, daß er seine Gesellschaft nur aus dem Mangel an Damen betreibe, die er sich in dieser Rolle vorstellen könne.

Daß Leute, die kongenial waren, einander begegneten, die sich sonst nie begegnen würden, sei der Zweck seiner Nachmittage gewesen. »Ich habe in Sombarts Salon sehr viele langfristige Freundschaften geschlossen. Diese Art von katalytischer Funktion hat kein anderer Salon, den ich kenne in ganz Berlin.« Danach schwelgt er in der Beschreibung des Mannes, der auf so viele eine große Faszination auszuüben scheint. Der Gastgeber habe eine feine Sensibilität für Körperhaltungen, für Stimmführungen, für bestimmte Schlüsselwörter, die jemand verwendet, und könne einen Menschen in wenigen Sekunden auf einen Begriff bringen, hebt er hervor. Überhaupt sei er ein ausgesprochen neugieriger Mensch, der noch vor wenigen Jahren mit der Transsibirischen Eisenbahn bis nach Wladiwostok gereist wäre. Seine Abenteuer konnten in fernsten Welten, aber genausogut in seinem Salon-Zimmer stattfinden.

Vieles an Sombart und an seiner Wohnung habe den Charme der Dekadenz. Mit seinem Auftreten habe er versucht, den Dandy des 19. Jahrhunderts in der Oscar-Wilde- oder Baudelaire-Tradition zu inszenieren und in glücklichen Augenblicken sei ihm das gelungen. »Er hat ja in seinem Sessel richtig hofgehalten und ist immer umrahmt gewesen von zentrischen Gruppen von Damen«, sagt mein Gesprächspartner mit einer Mischung aus Anerkennung und Ironie. »Der Hocker war der privilegierte Sitz im Salon, denn wer dort saß, stand im Fokus der Aufmerksamkeit.«

Schließlich, als ich längst den Glauben daran verloren habe, kommt es doch noch zu einem persönlichen Treffen mit Nicolaus Sombart. Verschiedene Habitués haben ihm von dem Salon-Buch erzählt. Neugierig geworden, ist er plötzlich doch bereit, mich für eine Stunde zu empfangen. Am Tag des Treffens vertiefe ich mich noch einmal in seine Bücher, die autobiographischen Schriften über seine »Jugend in Berlin« und die »Pariser Lehrjahre«. Durch das Reden, Nachdenken und die Lektüre von und über ihn und seine geheimnisvolle »Teegesellschaft« ist er für mich zu einer Art Mythos geworden. Die Begegnung mit einem realen Menschen ist kaum noch vorstellbar.

Der Grandseigneur des Berliner Salons, Nicolaus Sombart

Wie so oft in solchen Fällen verläuft die kurze Zusammenkunft eher unspektakulär. Nicolaus Sombart sitzt mir im legeren blauen Hemd und einfacher Strickjacke in einem Korbsessel gegenüber, während wir auf seinem Balkon italienischen Weißwein trinken. Er ist ein alter Herr mit feinen melancholischen Gesichtszügen.

»Ein Salon braucht als Mittelpunkt eine Frau, die rivalisierende konkurrierende Männer zusammenführt. Und da ich keine Dame bin, habe ich auch keinen Salon. Das ist eine Sache, die mir angedichtet wird«, sagt Nicolaus Sombart und greift damit einen zentralen Punkt seiner »Salon-Theorie« auf. Vieles von dem, was ich im Laufe des Gesprächs höre, ist mir inzwischen geläufig, und auch bei Sombart habe ich den Eindruck, daß es ihn langweilt, seine Gedanken zum Thema Salon wieder und wieder reproduzieren zu müssen. Dennoch blickt er mich freundlich an, als er seine Ansicht von der Gastgeberin als der Spinne im Netz, die die Verbindungen knüpft, aus der Tatsache herleitet, daß alle früheren Salonièren Frauen waren, und daß »die Idee der ›Emanzipation der Frau‹, nach der das Geschlechterverhältnis nicht als Kampf, sondern als Komplementarität verstanden wird, im Salon entstanden ist«. Noch wichtiger für diese These scheint jedoch der Umstand zu sein, daß auch Sombarts Mutter, Corinna Sombart, vor dem zweiten Weltkrieg in der Familien-Villa im Grunewald einen Salon geführt hat. Das Kapitel über die von ihr initiierte Geselligkeit beginnt in seinem Buch »Jugend in Berlin« mit den Sätzen: »Ein Salon ist ein Kreis von Menschen, die auf eine Frau als ihren Mittelpunkt bezogen sind. Man kann teure *petits fours* verzehren oder dünnen Tee in geborstenen Tassen schlürfen – das tut nichts zur Sache. Entscheidend ist die unangefochtene und unanfechtbare, diskrete oder leicht aggressive, gesprächige oder stille Autorität einer Frau.«

Die Sonntagnachmittage seien im West-Berlin der achtziger Jahre immer ein Problem gewesen, fährt er auf dem Balkon mit leiser Stimme fort. Trist und melancholisch. In anderen Städten wäre man am Wochenende aufs

Land gefahren – in Hamburg an die See oder in München in die Berge –, aber was sollte man in der ummauerten Stadt mit diesem Nachmittag beginnen. Da sei es doch einfach ideal gewesen, zum »Tee« zu Sombart zu gehen.

Auf der Straße fahren jetzt hupende Autos vorbei, ich habe Mühe, ihm akustisch zu folgen. Er hebt die Stimme ein wenig, als er betont, er begrüße es sehr, daß es wieder Salons in der Stadt gebe. Kommunikationskreise zu schaffen, in denen sich widerstreitende Tendenzen durch eine Salonière vermitteln ließen, macht Arbeit, nicht nur, weil »man tagelang am Telefon hängen muß«. Aber sie seien wichtig für die Atmosphäre einer Stadt. Die Salonière sollte in ihrer Position die Gäste überragen und in der Gesellschaft etwas zu sagen haben. In diesem Moment unterbricht das Klingeln des Telefons unser Gespräch. Sombart geht an den Apparat, der auf einem niedrigen Tischchen neben einem der Plüschsofas steht und meldet sich kurz angebunden. Auf dem Couchtisch stapeln sich die Bücher, der rote Umschlag von »Rave«, dem Roman über die Techno-Szene, leuchtet mir entgegen. Das großzügige Wohnzimmer, das sich an den Balkon anschließt, hat grüne Wände, an denen erotische Zeichnungen hängen – genau wie seine Besucher es beschrieben haben. Zwei bis zur Decke reichende Marmorsäulen geben dem Raum einen erhabenen Rahmen. Auf kleineren Säulen ragen Torsos, und auf der Kommode steht tatsächlich ein Lilienstrauß. Der Duft der Blüten strömt bis hinaus auf die Veranda. Sombart kehrt mit seiner Pfeife resigniert vom Telefon zurück. Jede Woche würden sich zwei, drei Leute bei ihm melden, um ihn zu seinem Salon zu befragen. Er selbst kann das Interesse an diesem Thema, das seiner Meinung nach in gewissen Köpfen und Kreisen langsam die Dimension einer Obsession annehme, nur bedingt verstehen. Während er sich wieder auf den Sessel niederläßt, sagt er ironisch: »Ein Gespenst geht um in Berlin, der Salon!«

Nach kurzem Nachdenken greift der Sechsundsiebzigjährige seinen Gedanken von vorhin wieder auf. Der Salon, erklärt er verhalten, sei kein *Duell,* sondern eher ein *Turnier.* Gemeinsam wetteiferten die Gäste um die Gunst der Herrin des Hauses. Anders als zum Beispiel in Arbeits-Zusammenhängen, wo man durch Konkurrenzkampf oft nicht mehr kommunikationsfähig wäre, sei dies ein Ort der Versöhnung, Vermittlung und Befriedung. »Der Salon ist eine Gemeinschaft von Individualitäten, die sich in ihrer Verschiedenheit als Gleiche erkennen und anerkennen können und wollen. Kein Ort des Streites, des Kampfes, bei dem es um die Vernichtung des Feindes geht.« Er nimmt einen Zug von seiner Pfeife und stößt den Rauch genußvoll aus.

Eine wichtige Bedingung des Salons sei auch ein relativ fester Teilnehmerkreis. Und auf die Gäste bezogen sagt er: »Jeder Salon hat seine Stars und seine Schweiger.« Bedeutend sei, neben Menschen, die einfach nur zuhören könnten, vor allem eine *Primadonna* im Salon, ein bekannter Stargast, wegen dem die Leute kommen. Er lade sich gern amerikanische Gastprofessoren vom Wissenschaftskolleg zu diesem Zweck ein oder letzthin Heinz Berggruen, den Kunst-Mäzen und Besitzer der Bilder-Sammlung »Picasso und seine Zeit«. »Die Besucher kommen dann eben hierher, um sich den Berggruen anzusehen.« Ansonsten hat Sombart am liebsten junge Leute zwischen dreißig und vierzig in seinem Salon. »Denn nur, wenn man junge Leute um sich hat, kann man wirklich alt werden«, sagt der Mann mit dem weißgrauen Haar, der die Zeit, in der er sich als Dandy à la Baudelaire inszenierte, hinter sich gelassen zu haben scheint. Im Moment pausiert sein Sonntags-»Tee«. Vielleicht, sagt er vage, werde er in ein paar Monaten wieder zu sich einladen.

Unter Verweis auf eines seiner am häufigsten gebrauchten Zitate: »Die Sehnsucht der Berliner nach dem Salon ist wie eine Obsession, wie ein Phantomschmerz an der Stelle, an der es keine Oberschicht mehr gibt in dieser Stadt«, frage ich ihn, ob er es wirklich bedauere, daß es sie nicht mehr gebe. Nach einem Schluck aus seinem Glas versucht er eine salomonische Antwort. Berlin sei schon immer eine offene Stadt gewesen, sagt er bedächtig, eine Gesellschaft ohne feste hierarchische Fügungen, wie man sie in Provinzstädten findet. Schon bei Rahel Levin-Varnhagen hätten sich preußische Prinzen und jüdische Rabbiner getroffen. Diese Mischung – ein kleiner Kern Establishment umgeben von einem großen Kreis von Subkulturen –, das habe er eigentlich immer an Berlin gemocht. Andererseits, sagt Sombart, sei eine Gesellschaft ohne Oberschicht, die sich nur über Familienbande vererbe, wie ein Körper ohne Kopf. Sie sei wichtig in ihrer Funktion als Vorbild für einen höheren Lebensstil und als Mäzen für die Künste. Er selbst habe versucht, in seiner »Teegesellschaft« junge Leute zu protegieren, Promovenden zum Beispiel zu Doktorvätern zu verhelfen. Nicht immer sei ihm das gelungen. Ein langjähriger Freund und Habitué im Salon habe zum Beispiel schon fünfzehn Romane geschrieben, »anspruchsvolle Literatur«, und sei noch nicht berühmt geworden, sagt der Mann, den viele in der Literaturszene noch immer für einflußreich halten. Andererseits habe er nie ein Gästebuch besessen und auch nicht nach Namen eingeladen. »Fern von Snobismus« kaufe er den sonntäglichen Sandkuchen bei »Aldi« oder »Kaiser's«. Schon in »Jugend in Berlin« hatte er geschrieben: »Ein Salon ist niemals kulinarisch. Es gibt höchstens dünnen Tee und trockenen Kuchen. Er ist preußische Kargheit, Stil und mehr als eine Sache des Einkommens.«

Die Weinflasche ist halb ausgetrunken. Sombart deutet auf die Balkon-Geranien, die in der Abendsonne rot aufleuchten. Zu meiner Überraschung steht schon die nächste Besucherin in der Tür, meine Privat-Audienz ist zu Ende. Zum Abschluß sucht Sombart im Bibliothekszimmer, in dem seine Manuskripte in großen staubigen Stapeln übereinanderliegen, noch einen Vortrag heraus, den er für Yvonne Helmbold im Grünen Salon gehalten hat.

Zu Hause finde ich in diesem Text als eine kleine Perle vielleicht den schönsten Sombartschen »Salongedanken«: »Der Salon gehört in die Ordnung des Außeralltäglichen, des ›Festes‹ – nicht der kultischen Feier, des Festmahls, der Party, der Orgie – sondern des Spiels. Er war immer ein *locus amoenus*, ein Ort, an dem die Utopie eines idealen Lebens ihre Verwirklichung gesucht und sehr oft gefunden hat. Jeder Salon ist ein Zipfel des *Paradieses auf Erden*.«

Brevier für den
gelungenen Salon

1. Sorgen Sie sich nicht um die Räumlichkeiten für Ihren Salon: Größe und Repräsentanz des Salonzimmers sind nicht wichtig, denn selbst die kleinste Dachstube (angeblich Rahel Levin-Varnhagens erstes Domizil am Gendarmenmarkt) erfüllt seinen Zweck. Die Größe und Repräsentanz des Salonzimmers sind daher eher unwichtig. Bei allem, was Sie tun, vergessen Sie nie: Der Geist des Hauses ist entscheidend, und dieser Geist geht von Ihnen aus.

2. Je gemischter die Gesellschaft Ihres Salons ist, desto interessanter verspricht ein Abend zu werden. Da Sie als *Salonière* oder *Salonièr* von nun an der Kristallisationspunkt Ihrer Geselligkeit sind, sollten Sie die Gäste zusammenführen und die Gespräche und Gruppenbildungen unter Kontrolle haben. Pflegen Sie als intellektuelle Wirtin oder Wirt die zurückhaltende, aber souveräne Konversationskunst.

3. Jeder Salon braucht seine Stars und seine Schweiger. Neben jenen, die einfach nur zuhören, sollten Sie eine *Primadonna* in den Salon einladen, eine Art Stargast, wegen dem alle anderen Gäste kommen.

4. Wichtiger noch als die berühmten Glanzlichter des Salons sind allerdings zuverlässige Stammgäste, sogenannte *Habitués*. Legen Sie Wert auf Zeitgenossen mit geselligen Talenten, denn sie können den Salon dadurch retten, daß sie sich unaufgefordert um neue Besucher kümmern, selbst langweilige Gäste unterhalten und schlußendlich doch noch auf ein interessantes Thema bringen.

5. Damit Sie nicht nur mit der Zubereitung des Tees, und dem Ausschenken der Getränke beschäftigt sind, sollten junge Männer des Kreises abwechselnd das Amt der *Teejungfrau* übernehmen. Nur so können Sie sich ganz Ihren Künsten der Begegnung und Eroberung widmen.

6. Übertragen Sie am Anfang eines jeden Salons einer Vertrauten die Aufgabe der verschwiegenen *Kupplerin*, an die sich die Gäste mit der Bitte um Bekanntmachung wenden können. All jene, die gut auf Ihrem Salon geflirtet haben, kommen garantiert wieder. Und sollte, wie so oft, eine solche Salon-Liaison schiefgehen, wird nicht an Ihnen der Makel einer schlecht geknüpften Verbindung haftenbleiben.

7. Unterbinden Sie kenntnisreiche, aber pedantische und langweilige Dialoge oder gar Monologe. Auch anspruchsvolle Gedanken sollten sich im Salon stets gefällig präsentieren. Eignen Sie sich bestimmte Strategien an, um die Unterhaltung zu beleben und die gewünschte Mischung der Gäste zu erreichen. Würfeln Sie zum Beispiel die sich bildenden Gruppen immer wieder durcheinander und führen Sie sie in neuer Ordnung zu Gesprächen zusammen.

8. Denken Sie an Ihr Recht, den Abend selbst zu genießen, auch wenn manchen Gästen die leichtfüßige Konversation ohne Ihre Hilfe nicht gelingen will. Nur wenn auch Sie sich an Ihren Salonabenden gut amüsieren, wird Ihr Salon die notwendige Ausstrahlung haben.

9. Laden Sie neben jungen, literarisch und künstlerisch begabten Menschen auch ältere oder sogar sehr alte Gäste ein. Sie haben viel erlebt und können von den alten Berliner Salons des 20. Jahrhunderts noch lebhaft und anschaulich erzählen. Vor allem sind sie in der Lage, selbst schlüpfrige Themen zu berühren, die für junge Leute als nicht passend gelten würden, die Unterhaltung aber ungemein beleben.

10. Da Sie nicht bis in die tiefe Nacht hinein Gäste haben wollen, es andererseits aber auch nicht über sich bringen, entsprechende Andeutungen zu machen, empfiehlt es sich, einen der Stammgäste zum *Gutenachtsager* zu ernennen. Wenn sich die Geselligkeit zu lange hinzieht, wird er auf die späte Stunde hinweisen und sich demonstrativ von allen verabschieden.

Letzte Gedanken & Danksagung

Meine eigenen Salon-Erfahrungen reichen bis in das Ostberlin der achtziger Jahre zurück. Den ersten Salon besuchte ich 1987 an einem Sonntag vormittag »Bei Blanche« in Berlin-Lichtenberg. Auch hatten die in Prenzlauer
Berg in Privatwohnungen stattfindenden Lesungen und
Ausstellungen von Künstlern, die sich nicht der Zensur
des staatlichen Verlags- oder Galerienwesens der DDR
unterordnen wollten, etwas Salonhaftes im Sinne des Ge-
sprächskreises, in dem sich durch die Zusammensetzung
der Gäste etwas Zufälliges und Spontanes ereignen
konnte. Natürlich hat es niemand in Anbetracht der
Lage so genannt. Aber vielleicht ist es vor allem diese Prä-
gung, die mich auf die Spur der heutigen Berliner Salons
gebracht hat.

Wenn man Bücher schreibt, muß man sich normalerweise von den Verlockungen des kulturellen Angebots
fernhalten und ein asketisches Leben hinter dem Schreibtisch fristen. An diesem Manuskript zu arbeiten bedeutete
dagegen, zwei- oder dreimal in der Woche einen Salon zu
besuchen, an die verschiedensten Orte der Stadt zu gelan-
gen und die unterschiedlichsten Menschen kennenzulernen. Diese Streifzüge haben mich bereichert und mein
Wissen über Berlin erweitert, das ich gut zu kennen
glaubte.

An erster Stelle möchte ich mich deshalb bei der Käthe
Dorsch Stiftung, Berlin, bedanken, daß sie das Projekt fi-
nanziell unterstützt hat. Ein besonderes Dankeschön gilt
Clark Kent für Begleitung, Beratung und Zuspruch. Last
but least danke ich allen Salonbetreiberinnen, -betreibern
und ihren Gästen, die mir Rede und Antwort gestanden
haben. Dieses Buch war eine meiner wunderbarsten
Schreibtischarbeiten.

DER KLEINE SALONFÜHRER

»Ahoi-Salon«, Mahide Lein, Tel./Fax 6 91 33 84

»Atelier-Salon« und »Salon in Beton«:
Berliner Salons, Heimgartenstr. 17, Berlin-Köpenick;
Gisela Kurkhaus-Müller, Tel./Fax 6 51 51 20

»Berliner Salon« im Renaissance Theater,
Knesebeckstr. 100, Berlin-Charlottenburg;
Karin Wudtke, Tel. 31 59 73 16

Der »Damensalon«, Fürbringerstr. 2,
Berlin-Kreuzberg; Laura Mérrit, Tel./Fax 6 96 66 66

»Frauensalon Mosaik«: »Frauenkreise – Projekt
der Lila Offensive e.V.«, Mulackstr. 31/32, Berlin-Mitte;
Sylke Stübner, Tel. 2 80 61 85

»Grüner Salon« in der Volksbühne,
Am Rosa-Luxemburg-Platz, Berlin-Mitte;
Tel. 28 59 89 36

»Juliettes Literatursalon«, Gormannstr. 25,
Berlin-Mitte; Tel. 28 39 14 29

»Der Künstlerinnensalon«
Anita Meier, Tel./Fax. 2 61 55 90

»Der literarische Salon Britta Gansebohm«
im Podewil, Klosterstr. 68, 10179 Berlin-Mitte;
Tel. 24 74 97 77; Internet: www.txt.de/gansebohm

»Pasta Opera« im Oxymoron, Hackesche Höfe,
Rosenthaler Str. 40/41, Berlin-Mitte; Tel. 28 39 18 85

»Salon Oriental« im SO 36, Oranienstr. 190,
Berlin-Kreuzberg; Tel. 61 40 13 06

»Tindys Literarischer Salon« in der Schokofabrik
Schokocafé, Mariannenstr. 6, Berlin-Kreuzberg;
Tel. 6 15 15 61